Lydia Hauenschild

Zwillinge

die doppelte süße Last

Lydia Hauenschild

Zwillinge

die doppelte süße Last

„Zwillinge zu haben, bedeutet sehr großes Glück –
nur leider verschließt einem der Alltag allzuoft die Augen,
dies zu erkennen."

Ein Ratgeber für die Monate vor und nach der Geburt

ISBN 3-932720-64-4

5. Auflage 2007
© BuchVerlag für die Frau GmbH, Leipzig 1998
Abbildungen auf den Seiten 15-17, 49, 57 mit freundlicher Genehmigung des
Thieme Verlages, Stuttgart
Abbildungen auf den Seiten 14, 18, 49 von Werner Koemling.
Zwillingsaufnahmen/Titelfoto: Henriette Zeltner
außer Seite 51, 86 (Bodo Horn-Rumold), 63, 79, 141 (Sabine Halscheid),
169 (Lydia Hauenschild)

Wir danken den Firmen Haug, Goehring und Hartan für die
Abbildungsgenehmigung der Zwillingskinderwagen.

Stillzeichnungen S. 121 nach Zeichnungen von Joan Moore in: E. M. Bryan,
The Nature/ Nurture of Twins, London 1983
Kinderwagenabbildungen: Archiv der Produzenten
Umschlaggestaltung: Christine Paxmann, München
Typografie und Layout: Paxmann Teutsch Buchprojekte, München
Gesamtherstellung: Salzland Druck GmbH, Staßfurt

Printed in Germany

Inhalt

Liebe Zwillingseltern,

sicher stellt sich bei Ihnen, sei es nun während der Schwangerschaft oder im noch recht ungewohnten Zusammenleben mit
Ihren Zwillingen, Frage auf Frage. Verläuft eine Zwillingsschwangerschaft strapaziöser als eine Einlingsschwangerschaft? Kann
man auch Zwillinge voll stillen? Muss bei der Babyausstattung
wirklich alles doppelt angeschafft werden? Wie bewältigt man
es, dass sich keiner der Zwillinge vernachlässigt fühlt?
Auch mich als werdende Zwillingsmutter beschäftigten diese
und noch weitere Probleme. So begann ich einfach, auf der Straße Eltern, die Zwillinge bei sich hatten, anzusprechen. Sie waren
alle sehr freundlich und hilfsbereit, ich gewann rasch den Eindruck, das gleiche Schicksal brächte uns einander nahe.
Durch viele solcher Gespräche entstand dieses als Ratgeber zu
verstehende Buch, in das sowohl die Eindrücke, Erlebnisse und
Anregungen anderer betroffener Elternpaare als auch meine persönlichen Erfahrungen einflossen. Es will einen allgemeinen Ratgeber für Schwangerschaft, Säuglingspflege und -ernährung
nicht ersetzen, sondern konzentriert sich vor allem auf die von
Zwillingen ausgehenden Besonderheiten.
Mein Dank gilt an dieser Stelle besonders den Ärzten und Hebammen, die mir bei der vollständigen Überarbeitung des medizinischen Teils zur Seite standen; vor allem den Dres. Anke und
Winfried Glaser.
So hoffe ich, dass Ihnen dieses Buch Hilfen bietet, mit der völlig
neuen Situation fertig zu werden, in die Sie durch Ihre Zwillinge
geraten, und dass es Ihre dringendsten Fragen beantworten
kann.

Lydia Hauenschild
März 2004

Zwillinge – die „erfreuliche" Nachricht

„Das kann doch nicht wahr sein!"
Diese oder ähnliche Reaktionen sind auf die frohe Botschaft des Frauenarztes, man erwarte Zwillinge, noch die harmlosesten. Nicht wenige Gynäkologen können von in Tränen aufgelösten Patientinnen berichten, denen ihre Mutterfreuden plötzlich gar nicht mehr so erfreulich erschienen, als es sich um doppelte handelte.

Früher brach die Nachricht oft erst bei der Geburt über die Eltern herein, und es sollen sich manches Mal im und am Wochenbett wahre Dramen abgespielt haben. Besonders schlimm waren die Reaktionen natürlich, wenn die Familie bereits sehr groß war, viele hungrige Mäuler gestopft werden mussten oder der Mann in den Kriegsjahren nicht zu Hause sein konnte. Eine ältere Dame, der dieses Schicksal zuteil geworden war, erzählte mir lächelnd, die Hebamme sei damals glücklicherweise nicht auf ihr flehentliches Bitten eingegangen, die Zwillinge „im nächsten Bach zu ertränken". So arg, wie sie sich die Zukunft in ihrem ersten Schrecken ausgemalt hatte, sei es bei weitem nicht gekommen.

Genau diese Feststellung ist es, die eigentlich alle von mir gesprochenen Zwillingseltern nach Ablauf der ersten Jahre trafen. Auch ein Elternpaar, das bereits zwei Kinder hatte und gerade dabei war, sich ein Haus zu bauen, konnte nach zwei Jahren doch schon wieder lachen, als es mir von den durchheulten Nächten berichtete, die der „schrecklichen" Nachricht des Frauenarztes folgten. In den meisten Familien zeigte sich bald, dass sich für einige der durch Zwillinge hervorgerufenen Probleme finanzieller und arbeitstechnischer Art gute Lösungen finden lassen. Schließlich entwickeln die betroffenen Eltern häufig auch noch eine gehörige Portion Zweckoptimismus. Wollten Sie ohnehin zwei Kinder – wenn auch nacheinander – , so sprechen sie oftmals davon, dass jetzt alles in „einem Abwasch" erledigt wäre, sie brauchten später nicht noch einmal von vorne zu beginnen und „neu zu probieren". Der geplante kleine Erdenbürger bringe seinen Spielkameraden gleich selber mit, und das sei doch zugegebenermaßen sehr praktisch. Schließlich schleicht sich auch noch ein gewisser Stolz ein, denn Zwillinge sind halt etwas ganz Besonderes, was nicht jeder hat und zustande bringt, oder? Mein Mann und ich betrachteten jedenfalls Eltern mit nur einem Baby im Kinderwagen stets mitleidig – und diese uns. Man sieht, der Blickwinkel macht's und vor allem die Gewohnheit.

Durch die Ultraschalluntersuchung erfährt die werdende Mutter in der Regel schon sehr früh, was auf sie – die Stückzahl betreffend – zukommt. So ist es auch möglich, sich zeitig auf das so reichlich freudige Ereignis vorzubereiten, und das sowohl seelisch als auch in ganz konkreten Dingen wie zum Beispiel der Babyausstattung.

Trotzdem kann es auch heute noch in seltenen Fällen vorkommen, dass die Zwillingsschwangerschaft erst kurz vor oder gar erst bei der Geburt bemerkt wird; etwa dann, wenn eines der Kinder bei den Ultraschalluntersuchungen stets ungünstig liegt, so dass es auf dem Bildschirm nicht zu entdecken ist, und die Mutter auch nicht durch übermäßige Gewichtszunahme auffällt. Aber auch mangelnde Routine des Arztes im Umgang mit dem Ultraschallgerät kann Ursache für das Übersehen einer Mehrlingsschwangerschaft sein.

Doch zu welchem Zeitpunkt die von mir befragten Zwillingseltern auch immer erfahren hatten, was ihnen da bevorsteht, spontane Freude empfanden nur sehr wenige (und selbst bei diesen „hartgesottenen" stellten sich bald Ängste und Zweifel ein). Vielmehr hörte ich von den Frauen häufig Sätze wie: „Ich dachte, ich falle vom Behandlungsstuhl" oder „Wenn ich nicht schon gelegen hätte, wäre ich umgefallen". Ich persönlich glaubte damals, mein Frauenarzt mache einen Witz und nahm seine Worte erst gar nicht ernst. Eine jüngere Zwillingsmutter erzählte mir, sie sei vor Verwirrung erst von der Praxis in die falsche Richtung gelaufen und dann auch noch in die verkehrte Straßenbahn gestiegen.

Neben der Sorge um die gesunde Entwicklung der Zwillinge waren es dabei weniger die Gedanken an die doppelte Arbeitsbelastung als die Angst vor der durch die Zwillinge veränderten finanziellen und beruflichen Lage, die den werdenden Müttern den Schrecken in die Glieder fahren ließ. Besonders Frauen, die vorhatten, bald nach der Entbindung wieder in das Berufsleben zurückzukehren, reagierten mit großem Entsetzen auf ihre Zwillingsschwangerschaft und hatten große Schwierigkeiten, sie zu akzeptieren.

Ein Kind in die Obhut der Großmutter oder einer anderen Tagesmutter zu geben, ist problematisch genug, aber wem kann man schon zwei Säuglinge zumuten außer der leiblichen Mutter? Das Abfinden mit der Tatsache, nach der Geburt längere Zeit nicht mehr im alten Beruf arbeiten zu können, fällt sehr schwer, ist aber leider, wenn sich nicht gerade eine glückliche Einzellösung anbietet, oft nicht zu vermeiden.

Die Mehrzahl der Frauen hatte übrigens große Angst vor den Reaktionen des Partners, welche dann aber, wie ich erfreulicherweise berichten kann, selten heftig ausfielen. Im Gegenteil, die meisten Männer waren sogar etwas stolz auf ihre Überproduktion und nahmen den doppelten Segen, von einer anfänglichen Blässe abgesehen, wesentlich gelassener hin als die werdende Mutter. Am ehesten brachte sie noch die Sorge um die finanziellen Belastungen, die durch das zweite Kind anfallen würden, aus der Ruhe.

Zwillinge kommen auch dem Wunsch der heutigen Vätergeneration entgegen, beim Versorgen des Nachwuchses aktiv mitzuhelfen. Während sich unsere Väter häufig noch nur in der Ernäh-

rerrolle sahen und der Frau die Versorgung der Kinder alleine überlassen wurde, stehen die werdenden Väter von heute meist auf dem Standpunkt: „Wir haben uns die Kinder gemeinsam angeschafft, also teilen wir uns auch die Arbeit an ihnen!"
Diesen Vorsatz kann ein Zwillingsvater nun glänzend verwirklichen. Während man bei Eltern mit einem Säugling doch oft ein Abrutschen in die althergebrachte Rollenaufteilung feststellt, weil die junge Mutter der Ansicht ist, sie könnte mit dem Baby besser umgehen, wird man einen Vater kleiner Zwillinge nur höchst selten ohne Kind auf dem Arm antreffen – mitgefangen, mitgehangen. So war mein Mann in den ersten Wochen nach meiner Kaiserschnittentbindung beim Fläschchenmachen, Wickeln und Baden wesentlich routinierter als ich. Ich musste mich erst erholen und war um jeden Handgriff froh, der mir abgenommen wurde. Auch die Mehrzahl der von mir befragten Zwillingsmütter meint, ihr Partner sei in der ersten harten Zeit die beste Stütze gewesen.

Wie Zwillinge entstehen

Im Jahr 2002 erblickten in Deutschland 11.438 Zwillingspärchen das Licht der Welt: 3.811 mal zwei Jungen, 3.585 mal zwei Mädchen und 4.042 mal ein gemischtes Pärchen.

Jahr	Zwillings-geburten	Zwillinge je 100 niedergekommene Frauen
1993	9.826	1,24 %
1994	9.744	1,28 %
1995	10.095	1,33 %
1996	11.063	1,40 %
1999	11.481	1,51 %
2001	11.064	1,50 %
2002	11.438	1,61 %

Die Steigerung in den 80er Jahren war zum einen auf die zunehmende Zahl von Hormonbehandlungen zurückzuführen. Doch auch der Umstand, dass sich seit Jahren das Alter der Frauen bei der Geburt ihrer Kinder erhöht, spielt eine Rolle. (Dazu an späterer Stelle noch mehr). Die Stagnation der Zwillingsgeburten zu Beginn des neuen Jahrtausends hängt dagegen mit der allgemein abnehmenden Geburtenrate zusammen.

Darüber hinaus wird angenommen, dass sich ein Drittel aller Mehrlingsschwangerschaften in eine Einlingsschwangerschaft umwandelt, ehe man überhaupt feststellen konnte, dass ursprünglich zwei Embryonen vorhanden waren. In der Medizin spricht man vom „Zugrundegehen der Mehrlingsanlage in der Frühschwangerschaft". Die abgestorbene Frucht wird mumifiziert und kann später mit der Nachgeburt ausgestoßen werden. Rund 75 Prozent der geborenen Zwillinge sind zweieiig, 25 Prozent sind eineiig. Eineiige Zwillinge kommen unter 1000 Geburten 3 bis 4 mal vor; bedeutende Unterschiede zwischen den einzelnen Völkern der Welt existieren nicht. In Frankreich bezeichnet man zweieiige Zwillinge übrigens als „falsche Zwillinge" (faux jumeaux).

Betrachtet man die Entstehung von Zwillingen genauer, so sind sie beim Menschen eigentlich etwas Unnormales, von der Norm Abweichendes. An einem Ort, der nur für einen Fötus angelegt ist, nisten sich zwei Kinder ein. In einigen asiatischen Ländern galten Zwillinge bis in die jüngste Vergangenheit hinein deshalb sogar als etwas Dämonisches, man tötete die Neugeborenen. Dass Zwillinge jedoch nichts mit Hexerei – eher schon mit einem Wunder – zu tun haben, zeigt die Entstehung menschlichen Lebens.

Fällt ein Zeugungsakt zwischen Mann und Frau in die Zeit des Eisprungs (etwa 14 Tage nach der letzten Regelblutung), so wartet das befruchtungsfähige Ei im Eileiter auf die Verschmelzung mit einer der etwa 100 bis 500 Millionen Samenzellen, die sich nach dem Höhepunkt auf ihrem beschwerlichen Weg durch Gebärmutterhals, Gebärmutter und schließlich in die Eileiter hinein begeben. Nur die schnellsten und stärksten Spermien schaffen diesen Weg; sie haben nicht viel Zeit, denn die Eizelle ist lediglich 12 bis 24 Stunden befruchtungsfähig.

Welche der Samenzellen mit der Eizelle verschmilzt und damit den neuen Menschen bildet, entscheidet letztlich eine Reihe von Zufällen. Es steht aber von diesem Zeitpunkt an fest, welche Augen- und Haarfarbe, welches Geschlecht und welche musischen Fähigkeiten das Kind zum Beispiel haben wird. Das Geschlecht wird übrigens alleine vom Erbgut des Mannes bestimmt, die Frau ist an der Geschlechtsfestlegung nicht beteiligt.

Einige Stunden nach der Befruchtung teilt sich die Eizelle dann zum ersten Mal. Die Erbmasse verdoppelt sich hierzu identisch, ordnet sich paarweise an, weicht auseinander, die Zellwand schnürt sich ein.

Ein „Fehler" – eineiige Zwillinge

Dies ist der Moment, in dem eineiige (monozygote) Zwillinge entstehen können. Normalerweise schnürt sich die Zellwand nur so weit ein, dass eine Tochterzelle innerhalb der so genannten Zellblase entsteht, beide Teile der Erbmasse aber zusammenbleiben. Teilt sich die befruchtete Eizelle jedoch versehentlich vollständig, so bilden sich, dank der verdoppelten Erbmasse, zwei einzelne Zellen, von denen sich jede allein zu einem Menschen weiterentwickelt.

Eine unvollständige Trennung der befruchteten Eizelle kann zu siamesischen Zwillingen führen, Kindern, die an irgendeiner Stelle des Körpers zusammengewachsen sind. Benannt wurde diese Form der Missbildung nach den Siamesen Chang und Eng, die vom Nabel bis zum Brustbein zusammengewachsen waren und im 19. Jahrhundert als Sensation durch die Welt zogen. Siamesische Zwillinge sind aber glücklicherweise selten, defekte Embryonen sterben meist ab, ehe die Schwangerschaft überhaupt registriert wurde.

Eineiige Zwillinge stammen also aus einem Ei, haben die gleiche Erbmasse und sind daher in ihren Anlagen völlig identisch, gleichen sich wie „ein Ei dem anderen".

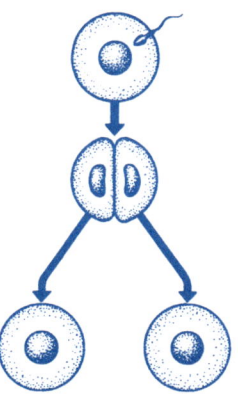

Die Entstehung eineiiger Zwillinge: Die Eizelle wird von der Samenzelle befruchtet, die Erbmasse (dunkler Kern) teilt sich, die Zellwand schnürt sich vollständig ein und es bilden sich zwei völlig erbgleiche Zellen.

Je früher sich die Teilung der befruchteten Eizelle vollzieht, desto größer ist die Wahrscheinlichkeit, dass jeder Zwilling eine eigene Plazenta und eine eigene Fruchtblase erhält, also eine eigene Nahrungsquelle und einen eigenen Lebensraum. Denn beide Embryonalanlagen setzen sich an verschiedenen Stellen der Gebärmutter fest und bilden, jede für sich, eine Plazenta, eine äußere Eihaut (das Chorion) und eine innere Eihaut (das Amnion, das die Fruchtblase bildet) aus. Nisten sich die befruchteten Eizellen allerdings sehr nahe aneinander ein, so können die Plazenten noch verschmelzen und gemeinsam genutzt werden.

Im späteren „Blastulastadium" der befruchteten Eizelle sind Plazenta und Chorion dagegen bereits angelegt, das Amnion aber noch nicht. Teilt sich die befruchtete Eizelle erst jetzt, nutzen die Zwillinge daher Plazenta und Chorion gemeinsam, leben aber in zwei Fruchtblasen.

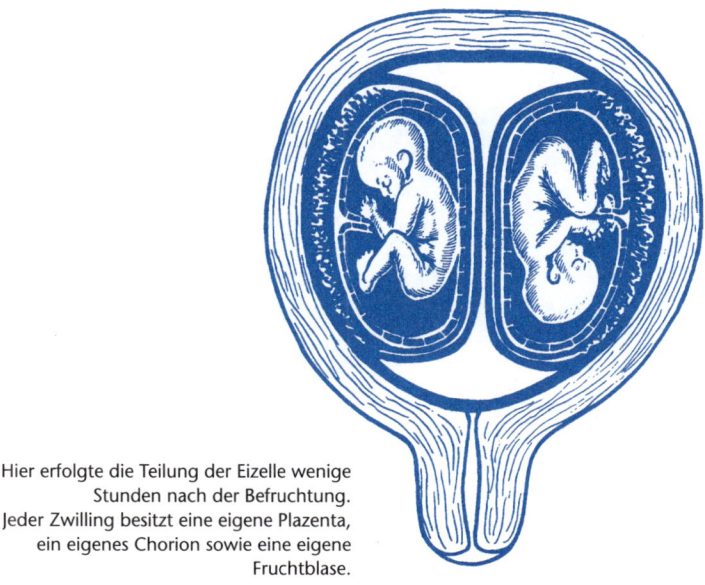

Hier erfolgte die Teilung der Eizelle wenige Stunden nach der Befruchtung. Jeder Zwilling besitzt eine eigene Plazenta, ein eigenes Chorion sowie eine eigene Fruchtblase.

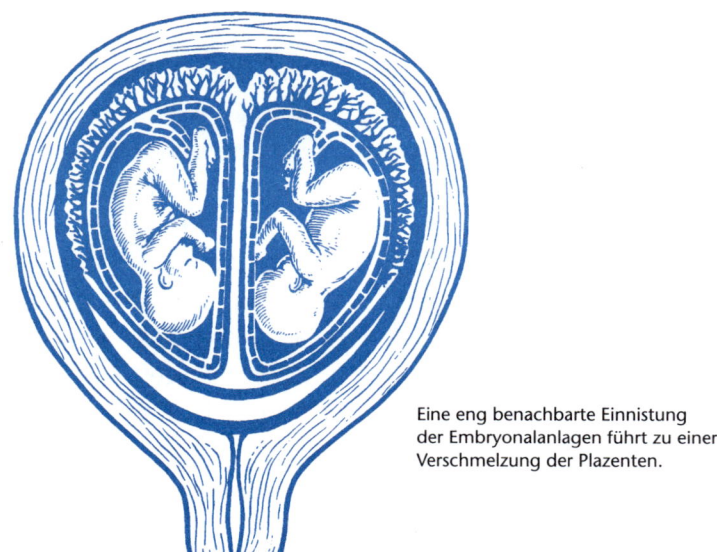

Eine eng benachbarte Einnistung der Embryonalanlagen führt zu einer Verschmelzung der Plazenten.

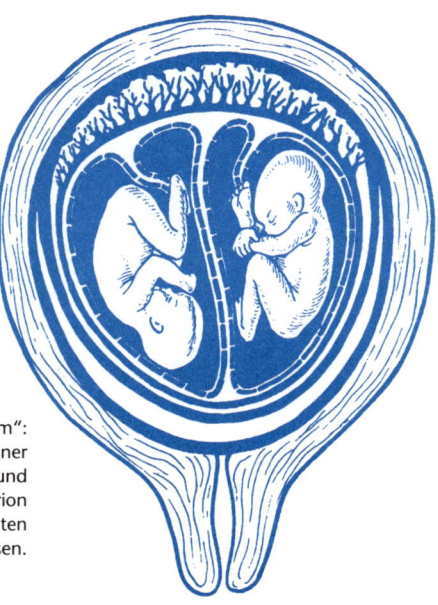

Teilung im „Blastulastadium": Die Zwillinge sind von einer gemeinsamen Plazenta und einem gemeinsamen Chorion umhüllt, leben aber in getrennten Fruchtblasen.

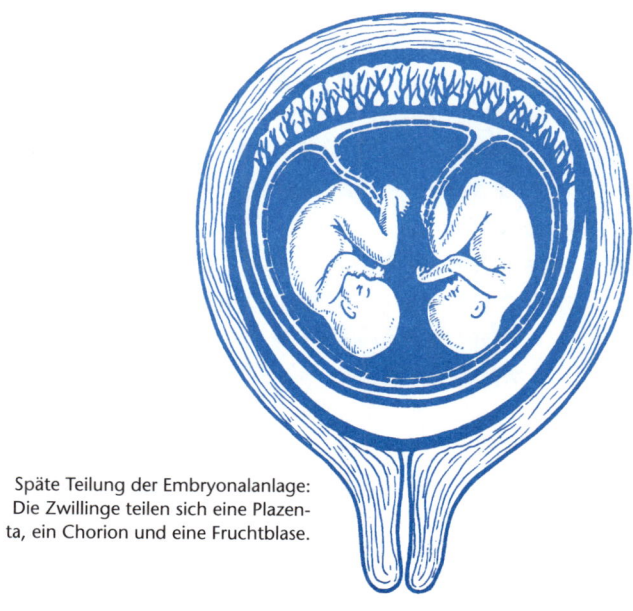

Späte Teilung der Embryonalanlage:
Die Zwillinge teilen sich eine Plazenta, ein Chorion und eine Fruchtblase.

Nur bei einer sehr späten Teilung der Embryonalanlage liegen
beide Kinder auch in einer gemeinsamen Fruchtblase (s. oben).
Die Erkenntnisse über die ersten Stunden der embryonalen Entwicklung von Zwillingen sind sehr wichtig. Durch sie können anhand der Nachgeburt Rückschlüsse auf die Ein- und Zweieiigkeit
der Neugeborenen gezogen werden, wie später noch gezeigt
werden soll.
Soviel man heute jedoch über das „wie" der Entstehung eineiiger Zwillinge weiß, das „warum" ist nahezu unbekannt. Hier
bleibt der Medizin noch ein weites Feld zu erforschen.

Zweieiige Zwillinge

Sie entstehen, wenn statt *einem* Ei zufällig *zwei* befruchtungsfähige Eier heranreifen und auf die Samenzellen warten, sei es nun gemeinsam in einem Eileiter oder in jedem Eileiter eines. Weniger häufig ist die Ovulation einer Eizelle mit zwei Kernen, was etwa dem doppeldotterigen Ei beim Geflügel entspricht. Jedes Ei, beziehungsweise jeder Eikern wird von einer anderen Samenzelle befruchtet, wobei diese sogar aus zwei hintereinander erfolgenden Zeugungsarten stammen können. Die Mediziner sprechen dann – recht uncharmant – von einer „Überschwängerung". In den USA brachte eine Frau Zwillinge zur Welt, von denen einer weiß, der andere ein Mischling war. Die Mutter hatte zum Zeitpunkt der Ovulation mit einem Weißen und einem Farbigen verkehrt, die Zwillinge hatten verschiedene Väter.

Zweieiige Zwillinge sind also von den Erbanlagen her normale Geschwister, die nur zufällig zur selben Zeit entstehen. Sie ähneln sich deshalb auch nicht mehr oder weniger als nacheinander geborene Geschwister.

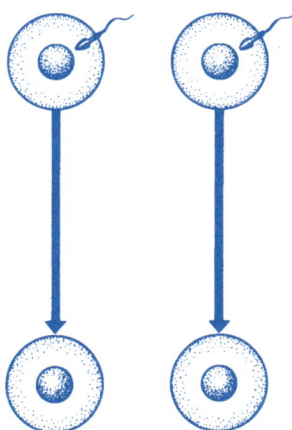

Die Entstehung zweieiiger Zwillinge: Zwei etwa zur gleichen Zeit befruchtungsfähige Eizellen verschmelzen mit je einer Samenzelle und entwickeln sich voneinander unabhängig weiter.

Jedes der Ungeborenen lebt in einer eigenen Fruchtblase und besitzt eine eigene Plazenta. Lediglich bei einer eng benachbarten Einnistung der beiden befruchteten Eizellen kann es auch bei zweieiigen Zwillingen zu einer Verschmelzung der Plazenta und zu einer gemeinsamen Nutzung kommen.

Der Medizin sind eine ganze Anzahl von Faktoren bekannt, die die Entstehung zweieiiger Zwillinge begünstigen, wenngleich die eigentlichen Gründe, hier wie bei den eineiigen Zwillingen, noch nicht voll erforscht sind.

Die Häufigkeit zweieiiger Zwillinge steigt mit dem **Alter der Mutter**, allerdings nur bis zum 40. Lebensjahr (danach erfolgt ein starker Abfall der Wahrscheinlichkeit), der **Anzahl der vorangegangenen Geburten** sowie dem Vorkommen von **Mehrlingen in der Familie der Frau.**

Die Tatsache, dass heute vielen kinderlosen Ehepaaren durch eine Hormonbehandlung der Frau zum ersehnten Nachwuchs verholfen werden kann, führte ebenfalls zu einem Anstieg der Mehrlingsgeburtenrate. Die Hormone lösen eine sogenannte „Superovulation" aus, also die Ovulation mehrerer befruchtungsfähiger Eizellen. Dieser Effekt wird auch nach dem **Absetzen der Anti-Baby-Pille** vermutet.

Eltern, die sich sehr lange vergebens ein Kind gewünscht hatten, gehören übrigens zu den wenigen, die sich meist von Anfang an über ihren Segen freuen, mag er auch noch so reichlich ausfallen. Die mit den Mehrlingen anfallenden Probleme werden in diesen Familien nicht als so gravierend erachtet, die Freude überwiegt und lässt viele Situationen überwinden, die andere Zwillingseltern zur Verzweiflung bringen.

Neben den bereits angeführten weithin bekannten Faktoren, die die Entstehung zweieiiger Zwillinge begünstigen, gibt es aber noch einige Einflüsse, von denen allgemein recht wenig Notiz genommen wird. So liegt die Rate zweieiiger Zwillinge bei der **Landbevölkerung** höher als in der Stadt und geht daher mit der fortschreitenden Verstädterung eines Landes zurück. Ferner ist eine Schwangerschaft, die sich **in den ersten drei Ehemonaten** einstellt, öfter mit zweieiigen Zwillingen gesegnet als später eintretende Schwangerschaften. Ursache dafür mag **häufiger Sex** in den Flitterwochen sein, denn dieser sorgt mit einer größeren Wahrscheinlichkeit für die Befruchtung zweier nicht genau gleicher ovulierter Eizellen. Ob ein regeres Liebesleben ebenso der Grund sein könnte, dass auch bei **außerehelichen Schwangerschaften** die Frequenz zweieiiger Zwillinge erhöht ist?

Zum Schluss noch einige „Kuriositäten":

Auf einem meiner Spaziergänge traf ich eine junge Frau, die mir erzählte, sie sei zugleich eineiiger Zwilling, aber auch Drilling, eine Konstellation, die gewiss Seltenheitswert besitzt. Sie können nach dem Lesen dieses Kapitels bestimmt nachvollziehen, welche biologischen Vorgänge hierzu notwendig waren.

Schwieriger dürfte es für Sie werden, wenn Sie auf Anhieb erklären sollten, wie die eineiigen Fünflinge, die 1934 in Kanada zur Welt kamen, entstanden sein könnten.

Es wurde wissenschaftlich bewiesen, dass alle fünf aus einem Ei stammten. Der biologische Ablauf ihrer Entstehung ließ sich folgendermaßen rekonstruieren:

Eine befruchtete Eizelle teilte sich zunächst vollständig. Die zwei daraus entstandenen identischen Keimzellen teilten sich nun noch einmal, so war man schon bei Vierlingen. Drei der Fünflinge stammen aus drei der ersten vier Eizellen. Die vierte Zelle teilte sich nochmals, die beiden letzten der eineiigen Fünflinge entstanden.

Die Frau mit den meisten Mehrlingsgeburten dürfte übrigens die russische Bäuerin Feodora Wassilew (1707-1782) sein: in 27 Schwangerschaften brachte sie 16 Mal Zwillinge, 7 Mal Drillinge und 4 Mal Vierlinge zur Welt.

Die Zwillingsschwangerschaft

Jede Schwangerschaft ist ein Einzelfall, egal ob die werdende Mutter nun ein Kind erwartet oder zwei. Der jeweilige Verlauf ist schwer vorhersehbar. Dennoch muss man feststellen, dass es bei Mehrlingsschwangerschaften häufiger zu Abweichungen von der so genannten Norm kommt. Nicht umsonst zählen sie zur Gruppe der Risikoschwangerschaften – und vielleicht erscheint Ihnen das folgende Kapitel daher in einem ziemlich „dunkelgrauen" Licht, wie es einmal eine Zwillingsschwangere genervt formulierte. Deshalb hier gleich eine Entwarnung: Glücklicherweise konnten viele der Gefahren für Mutter und Kinder in den letzten Jahren erheblich verringert werden. Seit es dem Arzt durch Ultraschalluntersuchungen häufig sehr früh gelingt (manchmal bereits in der 5. Schwangerschaftswoche), das Bestehen einer Zwillingsschwangerschaft zu diagnostizieren, ist auch die Möglichkeit gegeben, eventuell auftretende Störungen rechtzeitig zu erkennen.

Die Wahl des Arztes

Eine der besten Möglichkeiten, als werdende Zwillingsmutter Schwangerschaft und Geburt gesund durchzustehen, ist die Wahl eines guten Frauenarztes. Er ist – neben dem Partner – die wichtigste Person in diesem so entscheidenden Abschnitt Ihres Lebens. Sie sollten daher das Gefühl haben können, dass er Ihre Fragen ernst nimmt und sich für die Vorsorgeuntersuchungen Zeit lässt. Bei allen Unsicherheiten und Problemen im Verlauf der Schwangerschaft ist der Gynäkologe Ihr Anlaufpunkt.

Die verantwortungsvolle Betreuung einer Mehrlingsschwangerschaft setzt ein großes Maß an Erfahrung voraus. Erste Anzeichen der gehäuft auftretenden Komplikationen müssen rechtzeitig erkannt und gegebenenfalls durch geeignete Gegenmaßnahmen beseitigt werden. Nur ein routinierter Arzt ist in der Lage, eine rasche und sichere Indikation zu stellen. Deshalb sollten gerade Sie als werdende Zwillingsmutter bei der Wahl Ihres Frauenarztes nicht zu anspruchslos sein.

Falls Sie sich von Ihrem derzeitigen Frauenarzt daher nur behandeln lassen, weil Sie – wie man so schön sagt – dort „hängengeblieben" sind, sich aber bei ihm nicht in den besten Händen glauben und eventuell vor jeder Untersuchung Unbehagen verspüren, wäre es sinnvoll, über einen Arztwechsel nachzudenken. Doch wie findet man einen guten Frauenarzt? Das ist – zugegebenermaßen – nicht ganz einfach, denn so etwas steht nicht im Telefonbuch. Am erfolgversprechendsten ist wohl nach wie vor, eine gute Freundin zu fragen, die bereits ein kleines Kind hat. Da sich junge Mütter oft in Spiel- und Krabbelkreisen treffen und dort auch Erfahrungen über Frauenärzte austauschen, wird die Bekannte sicherlich wissen, welcher Arzt aus der Umgebung Ihren Vorstellungen am ehesten entsprechen könnte. Machen Sie Ihrer Freundin aber nicht gleich Vorwürfe, falls Ihnen der empfohlene Gynäkologe doch nicht zusagen sollte – jede Frau empfindet einen Arzt anders, und ein Vertrauensverhältnis baut sich letztlich erst über eine längere Zeit auf.

Sagen Sie daher dem Arzt Ihrer Wahl auch von Anfang an, wenn Sie etwas stört, fragen Sie bei Unsicherheiten nach; nur so hat auch Ihr Frauenarzt die Möglichkeit, Sie kennen zu lernen und entsprechend auf Sie einzugehen.

Haben Sie übrigens keine Angst, dass Ihre Krankenversicherung bei einem Arztwechsel Einwände erheben könnte. Die Kassen handhaben einen Wechsel – besonders in Ihrem Zustand – meist unproblematisch.

Besondere Notwendigkeit der Vorsorgeuntersuchungen bei Zwillingsschwangerschaften

Sicherlich befindet sich der Mutterpass bereits in Ihren Händen, und die ersten Vorsorgeuntersuchungen liegen hinter Ihnen. Die monatlichen Arztbesuche sind für Sie zur Routine geworden. Trotzdem sollten Sie sich in diesem Kapitel noch einmal mit dem Thema „Vorsorge" auseinandersetzen, um im Gedächtnis zu behalten, wie wichtig die Untersuchungen gerade für Sie als Zwillingsschwangere sind. Besondere Aufmerksamkeit erfordern bei Ihnen die Vermeidung einer Frühgeburt und das rechtzeitige Erkennen einer Wachstumsstörung bei einem oder beiden Ungeborenen.

Während einer normal verlaufenden Schwangerschaft haben Sie bis zur 32. Woche alle vier Wochen Anspruch auf eine Vorsorgeuntersuchung, danach bis zur Entbindung vierzehntägig. Fallen die Arztbesuche in Ihre Arbeitszeit, muss Ihnen Ihr Arbeitgeber laut Mutterschutzgesetz ohne Verdienstausfall freigeben. Dies kann bei Ihnen als werdende Zwillingsmutter von Bedeutung sein, weil man „Risiko-Schwangere" meist häufiger zu Untersuchungen bestellt, als es die Norm sieht. Vor allem ab dem 7. Schwangerschaftsmonat, wenn es für Ihre Kinder im Bauch immer ungemütlicher wird und sich die Gefahr einer Frühgeburt anbahnt, werden Sie vermutlich jede Woche bei Ihrem Arzt erscheinen müssen. Versäumen Sie keinen dieser Vorsorgetermine, auch wenn Sie sich putzmunter fühlen. Nur die in der Arztpraxis durchgeführten Untersuchungen zeigen, ob wirklich alles in bester Ordnung ist.

Eine Schwäche des Gebärmuttermundes (**Zervix-Insuffizienz** – sie kann eine Fehlgeburt zur Folge haben) spüren Sie kaum, sie kann nur durch die **vaginale Untersuchung** auf dem gynäkologischen Stuhl diagnostiziert werden.

Auch Ihr Gewicht wird regelmäßig überprüft. Zu starke Zunahmen sind nicht nur hinderlich, sie wirken sich vor allem negativ auf Ihren **Blutdruck** aus, der ebenfalls bei jedem Vorsorgetermin gemessen wird. Zu hoher Blutdruck kann zu einer mangelhaften Durchblutung der Plazenta – der Nahrungsquelle Ihrer Kinder – führen.

Ihren Urin untersucht man auf Zucker, Eiweiß und Bakterien. Spuren von **Zucker** lassen Rückschlüsse auf eine Funktionsstörung der Bauchspeicheldrüse zu, eventuell liegt bei Ihnen eine Neigung zur Zuckerkrankheit vor. **Bakterien** im Harn geben Hinweise auf eine Blaseninfektion, und **Eiweiß** in größeren Mengen zeigt an, dass Ihre Nieren durch die Schwangerschaft in Ihrer Filterfunktion überfordert sind. In allen drei Fällen muss eine entsprechende Behandlung eingeleitet werden. Schließlich nimmt man Ihnen bei jedem Vorsorgetermin einen kleinen Tropfen Blut ab, um festzustellen, ob Ihr Blut genügend roten Blutfarbstoff (Hämoglobin) enthält oder ob eine **Eisenmangel-Anämie** vorliegt, die die Sauerstoffversorgung Ihrer Kinder gefährden könnte.

Sie merken hier sicherlich schon, wie wichtig *Ihre* Gesundheit für das Wohlbefinden Ihrer Kinder ist, Sie sind auf das Engste miteinander verbunden. Risiken für Sie sind stets Risiken für Ihre Kinder. Gehen Sie deshalb auch zwischen den Vorsorgeterminen zum Arzt, falls sich Beschwerden einstellen sollten. Doch selbst wenn all die eben beschriebenen Untersuchungen ergeben, dass bei Ihnen alles in bester Ordnung ist – Ihren Kindern, oder einem von ihnen, könnte es gar nicht gut gehen.

Zwillinge im Mutterleib stellen füreinander oftmals eine große Gefahr dar. Das ist auch der Grund, warum bei Ihnen als werdender Zwillingsmutter in den kommenden Monaten dem Leben in Ihrem Bauch noch mehr Beachtung geschenkt wird, als dies bei Einlingsschwangeren ohnehin der Fall ist.

Egal, ob Ihre Zwillinge nun in einer Fruchtblase liegen oder jeder für sich in einer eigenen: Etwa ab dem 5. Schwangerschaftsmonat leben die Kinder im Verdrängungswettbewerb, und das sowohl räumlich als auch um das Nahrungsangebot. Da knufft und pufft es ständig im Bauch, selten schlafen beide gleichzeitig, meist weckt einer den anderen auf. Die Lage zu verändern, ist aufgrund der Enge bald kaum noch möglich, es sei denn, beide Kinder teilen sich eine Fruchtblase. Dann ist das Drehen ein Gemeinschaftsprojekt. Allerdings birgt eine gemeinsame Fruchtblase (sie ist glücklicherweise, ebenso wie eine gemeinsame Plazenta, recht selten) für die Ungeborenen die meisten Gefahren in sich, da Komplikationen mit den Nabelschnüren nicht auszuschließen sind. Es soll schon vorgekommen sein, dass sich die Nabelschnüre verwickelten oder in einer Nabelschnur eine Art Schifferknoten war, der zum Absterben eines Zwillings führte. Bei getrennten Fruchtblasen sind solche Vorkommnisse nicht möglich, das doppelte Fruchtwasserpolster hat zudem den Vorteil, unsanfte Tritte abzumildern.

Doch mehr als die räumliche Enge gefährdet die Ungeborenen die Teilung der Nahrung, bei der es nun wirklich selten „brüderlich" zugeht. Auch hier bringt eine gemeinsame Plazenta besondere Probleme mit sich, da der Mutterkuchen durch die extreme Dehnung nicht an allen Punkten gleich gut durchblutet wird. Liegt ein Kind nun mit seiner Nabelschnur an einer schlecht versorgten Stelle, erhält es weniger Nahrung und bleibt leichter als sein Zwilling, manchmal sogar bis zu einem Kilogramm. Aber selbst bei zwei Plazenten sind große Gewichtsunterschiede der Neugeborenen nicht selten. Jede Plazenta ist zwar für sich an der Gebärmutterwand verankert, doch auch hier entscheidet wieder die Durchblutung des Anlagerungspunktes darüber, wieviel Nahrung der einzelne Zwilling erhält.

Bei einer absolut ungenügenden Versorgungslage eines Kindes durch die Plazenta spricht man von einer „Plazenta-Insuffizienz". Sie stellt eine große Gefahr für das Leben des betroffenen Kindes dar, da dieses, ist es erst einmal ins Hintertreffen geraten, auch weiterhin immer weniger Nahrung als sein konkurrierender Zwilling erhält. Der Wachstumsabstand vergrößert sich so immer mehr.

Derartige Entwicklungen im Mutterleib exakt zu beobachten, ist erst seit Einführung der **Ultraschalldiagnostik** möglich. Genießen Sie – und nach Möglichkeit Ihr Partner – es ruhig, Ihre Kinder auf dem Monitor zu sehen. Ultraschall ist, zumindest nach dem heutigen Erkenntnisstand, gefahrlos.

Allerdings erfordert es meist ein geübtes Auge, will man die einzelnen Organe und Gliedmaßen erkennen; bei jeweils vier Armen und Beinen sowie zwei hüpfenden Herzen ist es für den Laien schon recht schwierig zu beurteilen, was nun zu wem gehört. Ihrem Arzt geben die Bilder jedoch Aufschluss darüber, ob beide Kinder ausreichend versorgt sind und wie sie sich entwickeln. So kann er aus dem Kopf- und Brustdurchmesser sowie aus der Scheitel-Steißlänge das ungefähre Gewicht des einzelnen Zwillings berechnen, Wachstumsstörungen und Anomalien erkennen, den Sitz der Plazenta prüfen und feststellen, welche Lage die Kinder im Mutterleib einnehmen. Seitdem Ultraschall die tastenden Hände des Arztes abgelöst hat, sind Zwillingsschwangerschaften wesentlich gefahrloser geworden.

Wenn Ihr Bauch schon groß und rund geworden ist, lernen Sie ein weiteres elektronisches Gerät kennen: den **Herzton-Wehen-Schreiber (Cardiotokograph – CTG).** Es gibt CTGs mit zwei Tonabnehmern für die parallele Aufzeichnung der Herztöne von Zwillingen, aber auch Einzelgeräte. Bei letzteren sucht die Arzthelferin zuerst mit einem kleinen Empfänger den Punkt, an dem die Herztöne eines Zwillings am besten zu hören sind, und befestigt den Empfänger an dieser Stelle mit Gurten. Ein zweiter Empfänger wird etwa dort angeschnallt, wo ehemals Ihre Taille war. Das CTG-Gerät zeichnet dann auf Papierstreifen zwei parallele Kurven auf, aus deren zickzackartigem Verlauf der Arzt abliest, ob Sie bereits leichte Wehen haben und wie es dem Ungeborenen geht. Würde das Kind zu wenig Sauerstoff erhalten, so läge seine Herzfrequenz nicht mehr im Normbereich von etwa 120 bis 130 Schlägen pro Minute, sie wäre erhöht oder erniedrigt. Die Herztöne sind übrigens gleichzeitig akustisch als Pochen oder als Piepton hörbar. Nach etwa 10 Minuten sucht die Arzthelferin dann die Herztöne des anderen Zwillings.

Hat einer Ihrer Zwillinge sehr unter seinem Bauchgenossen zu leiden, wird Sie der Arzt recht häufig zum CTG bestellen. Bei einer rapiden Verschlechterung der Herzfrequenz eines Kindes ist eventuell sogar eine vorzeitige Entbindung nötig. Der Brutkasten ist in diesem Fall für die gesunde Ernährung des kleinen Zwillings besser geeignet als die gefahrvolle Enge Ihres Bauches.

Die Medizin verfügt heute also über eine Reihe von Möglichkeiten, bedrohliche Situationen in der Schwangerschaft zu erkennen und abzuwenden. Ihre Aufgabe als werdende Zwillingsmutter ist es jetzt nur noch, verantwortungsbewusst zu handeln und alle Arzttermine gewissenhaft wahrzunehmen.

Besondere Beschwerden während der Zwillingsschwangerschaft

Beschwerden gehören leider, mehr oder weniger stark ausgeprägt, zum normalen Programm einer Zwillingsschwangerschaft. Hierbei ist allerdings anzumerken, dass das Empfinden von Schwangerschaftsbeschwerden, und hier besonders der Übelkeit in den ersten Monaten, stark an die Einstellung der Mutter zu den Ungeborenen gekoppelt ist. Ich konnte bei meinen Gesprächen immer wieder feststellen, dass diejenigen Frauen, die sich auf ihren doppelten Segen gefreut haben, ihre Schwangerschaft als weniger unangenehm empfanden als Mütter, die sich innerlich gegen die Zwillinge wehrten.

Man darf ja nicht vergessen, dass neben dem Körper auch die Seele schwanger ist und zwischen beiden unleugbar Wechselbeziehungen bestehen. Versuchen Sie deshalb, sich auf Ihre Babys zu freuen, auch wenn es manchmal schwerfällt, weil die beiden

Kinder Ihre Zukunft völlig verändern und Sie am liebsten alles ungeschehen machen würden. Diese Gefühle haben selbst Mütter (und Väter) mit einem Kind, nur wird es häufig nicht eingestanden, da von einer werdenden Mutter einfach erwartet wird, dass sie glücklich ist.

Doch trotz positiver Einstellung zu Ihrer Schwangerschaft wird es Sie als werdende Zwillingsmutter in den nächsten Monaten durch die höhere hormonelle und physische Belastung Ihres Organismus wohl stärker zwicken und zwacken als manche Einlingsmutter. Sie sind schließlich gleich zweimal auf einmal schwanger!

Die häufig in den ersten Schwangerschaftsmonaten auftretende **Übelkeit**, manchmal bis zum Erbrechen, ist eine Folge der hormonellen Umstellung Ihres Körpers von „nicht schwanger" auf „schwanger". Während diese Phase bei Einlingsschwangeren meist nach der 12. Schwangerschaftswoche abgeklungen ist, werden Sie vermutlich etwas länger mit diesem Zustand leben müssen, da die Hormonausschüttung bei Ihnen ja „verdoppelt" ist. Morgens erbrechen, tagsüber müde sein und abends völlig abgeschlagen auf dem Sofa liegen, gehört bei 70 Prozent der werdenden Zwillingsmütter zum Tagesablauf der ersten vier, manchmal fünf Schwangerschaftsmonate.

Doch Not macht erfinderisch, und so nannten mir viele Zwillingsmütter ihre „Spezialrezepte". Morgens im Bett liegend schon eine Kleinigkeit zu sich nehmen, ist demnach besonders erfolgversprechend. Entweder stellen Sie sich abends selber ein paar Kekse oder Zwiebäcke bereit, oder Sie lassen sich von Ihrem Partner Kamillentee, Milch, eine Banane oder worauf Sie gerade Lust haben (und was auch im Hause ist) servieren. Ihr Bettgenosse, der mit Ihnen leidet und doch sonst so wenig helfen kann, wird Ihnen diesen Gefallen sicher gerne erweisen.

Falls Ihr Erbrechen so schlimm ist, dass Sie kaum eine Mahlzeit bei sich behalten, sollten Sie besser Ihren Arzt aufsuchen, da es sich um **unstillbares Schwangerschaftserbrechen** (Hyperemesis gravidarum) handeln könnte. Dagegen gibt es geeignete Medikamente, nur manchmal ist auch ein Klinikaufenthalt vonnöten. Vermeiden Sie es aber ansonsten generell, vor allem in den ersten drei Monaten, während der Schwangerschaft Medikamente einzunehmen, da diese möglicherweise zu Keimzellenveränderungen und damit zu Schäden an den Ungeborenen führen.

Strikt verboten sind auch Abführmittel, die neben dem Darm auch die Gebärmutter zu Kontraktionen anregen können. **Verstopfung** während der Schwangerschaft ist sowohl hormonell als auch durch die starke Ausdehnung der Gebärmutter, wodurch die Darmschlingen in Bedrängnis geraten, bedingt. Eine ausgewogene Ernährung mit Vollkornbrot, Gemüse, Obst, Joghurt und Quark beugt einer stärkeren Verstopfung vor. Im Ernstfall schaffen aber in Wasser eingeweichte Backpflaumen, Müsli mit Weizenkleie und Feigen, also Ballaststoffe, die den Stuhl wieder weicher werden lassen, Abhilfe.

Unter **Sodbrennen,** das sich als unangenehmes Brennen in der Speiseröhre bemerkbar macht, leiden werdende Zwillingsmütter häufiger und meist auch eher als Einlingsmütter, da die größer werdende Gebärmutter früher auf den Magen drückt und so saurer Magensaft in die Speiseröhre zurückfließen kann. Verschlimmert werden diese Beschwerden durch das Trinken von Zitrussäften und Kaffee. Statt großer, schwer verdaulicher Mahlzeiten sollten Sie lieber häufiger kleine Mengen zu sich nehmen. Im Bett können Sie versuchen, den Oberkörper durch ein Kissen hochzulagern. Dies hatte bei mir allerdings zur Folge, dass das Sodbrennen zwar nachließ, ich aber trotzdem nicht einschlafen konnte, da ich normalerweise ganz ohne Kissen zu schlafen pflege. Besser half mir ein Glas Milch vor dem Schlafengehen, da diese Säuren bindet und gleichzeitig gut gegen **Schlafstörungen** wirkt, die sich während der Schwangerschaft immer wieder einstellen.

Vermeiden Sie unter allen Umständen Schlafmittel; gehen Sie lieber abends mit Ihrem Partner eine kleine Runde spazieren, schlafen Sie bei offenem Fenster. Hauptgrund für die Schlaflosigkeit ist neben den vielen Gedanken, die Ihnen jetzt im Kopf herumgehen, ab Mitte der Schwangerschaft Ihr dicker Bauch. Liegen Sie in Seitenlage, fühlt sich stets eines Ihrer Kinder „unter Druck gesetzt" und knufft zurück, liegen Sie auf dem Rücken, stellt sich bei Ihnen alsbald das Gefühl ein, Sie hätten zu Abend Steine gegessen. Linderung, wenn auch leider nur mäßig, kann in der Seitenlage ein kleines Kissen bringen, das Sie unter den Bauch oder das angewinkelte Bein legen.

Oftmals sind auch nächtliche **Wadenkrämpfe** schuld an den Schlafstörungen. Ziehen Sie die Fußspitze zu sich oder treten Sie fest auf, das löst den Krampf. Die Beine haben bei werdenden Zwillingsmüttern sowieso eine Menge auszuhalten. Der dicke Bauch muss nicht nur getragen werden, sondern drückt zudem noch die Blutgefäße im Beckenbereich ab, so dass es zu Blutstauungen in den Beinen kommen kann. Haben Sie häufiger unter blauen Füßen zu leiden, teilen Sie es Ihrem Arzt beim nächsten Vorsorgetermin mit. Er verschreibt Ihnen dann nötigenfalls durchblutungsfördernde Salben und bei Neigung zu Krampfadern auch Kompressionsstrümpfe, die Sie dann tagsüber tragen. Legen Sie ansonsten die Beine so oft es geht hoch, massieren Sie sie in Richtung Herz und tragen Sie keine hochhackigen Schuhe, die bei dem „Watschelgang", den Sie sich als werdende Mutter bald angewöhnen, sowieso nur albern wirken würden.

Halbhohe Schuhe sind gleichzeitig gut bei **Rückenschmerzen**, die durch das große Gewicht der Gebärmutter ausgelöst werden. Auch Rückenschwimmen entlastet die Wirbelsäule. Sucht sich eines Ihrer Kinder den Ischiasnerv als Ruheort aus, hoffen Sie, dass es bald eine andere Stellung wählt, viel mehr können Sie in dieser Situation nicht tun. Eine der von mir befragten Frauen schwor allerdings für diesen Fall auf ein Heizkissen.

Nach dieser nicht gerade erfreulichen Aufzählung der häufigsten Schwangerschaftsbeschwerden habe ich für Sie als besonders geplagte Zwillingsmutter aber noch ein kleines Trostpflaster: Sie werden Ihren Nachwuchs voraussichtlich bereits in der 14. bis 16. Schwangerschaftswoche spüren, etwa 4 Wochen früher als werdende Einlingsmütter. Es ist schon ein beglückendes Gefühl, dieses anfangs sehr sanfte Kullern (später knufft und pufft es dann ganz ordentlich, aber ich wollte ja endlich mal was Nettes erzählen) in sich wahrzunehmen, weiß man doch endlich, dass da wirklich jemand ist, für den es sich lohnt, all die Strapazen durchzustehen.

Und letztlich: wenn es sich um Ihre erste Schwangerschaft handelt und Sie ohnehin zwei Kinder wollten, sparen Sie durch Ihre Zwillinge, einmal schwanger zu sein. Ist das gar nichts?!

Besondere Risiken der Zwillingsschwangerschaft

Ihre Schwangerschaft als werdende Zwillingsmutter muss nicht zwangsläufig mit Komplikationen angehäuft sein, das möchte ich an dieser Stelle deutlich betonen!

Vieles zur Steigerung Ihres Wohlbefindens und zur Sicherung der gesunden Entwicklung der Ungeborenen liegt in Ihrer Hand. Dass Sie während der Schwangerschaft **Alkohol** und **Medikamente** meiden, dürfte wohl selbstverständlich sein; ebenso, dass Sie, und möglichst auch Ihr Partner, das Rauchen einstellen – eine ideale Möglichkeit, es sich abzugewöhnen. Gleichzeitig sparen Sie auf diese Weise Geld, das später für die Säuglingsausstattung vonnöten ist.

Auch eine gesunde, ausgewogene **Ernährung** trägt entscheidend zum komplikationslosen Verlauf von Schwangerschaft und Geburt bei.

Am besten sind fünf kleinere Mahlzeiten über den Tag verteilt, sie belasten den ohnehin schon arg strapazierten Organismus nicht so sehr wie drei Hauptmahlzeiten.

Am Ende der Schwangerschaft dürfen Sie zu dritt dann etwa 12 bis 15 kg mehr wiegen als zu Beginn. Ich habe allerdings bei meinen Befragungen von 10 bis 30 (!!) kg alles gehört. Die junge Frau, die die enormen 30 kg zu verbuchen hatte, war zudem noch sehr klein; ihr Arzt wusste nie, ob er lachen oder weinen sollte, wenn sie in sein Sprechzimmer rollte.

Selbst eine ausgewogene Ernährung schützt jedoch kaum vor der sogenannten **Eisenmangel-Anämie**, da das in der Nahrung enthaltene Eisen nur schwer verfügbar ist. Zudem erweitert sich im Verlauf Ihrer Schwangerschaft das Volumen der Blutgefäße und damit das Blutvolumen, während die Zahl der roten Blutkörperchen dagegen gleich bleibt. Da Eisen aber für die Bildung des roten Blutfarbstoffes (Hämoglobin) notwendig ist, der im Körper die Aufgabe des Sauerstofftransportes übernimmt und während der Schwangerschaft auch die Ungeborenen versorgt, wird bei jedem Vorsorgetermin mit Hilfe einer kleinen Blutprobe auf Ihre ausreichende Eisenversorgung geachtet.

Ein Mangel an Eisen äußert sich in Müdigkeit, Blässe, Kopfschmerzen sowie Appetitlosigkeit und kommt bei werdenden Zwillingsmüttern eigentlich fast immer vor, bei 35 Prozent sogar in schwerer Form. Der Arzt verschreibt Eisenpräparate. Sie können diese ohne Bedenken einnehmen, im Gegenteil, ein Verzicht wäre für die Ungeborenen schädlich. Das gilt auch für verschriebene Jod- bzw. Folsäuretabletten. Ein guter Arzt wird Ihnen auch über alle Unsicherheiten bezüglich Ihrer Ernährung hinweghelfen. Mit seinen Ratschlägen können Sie das bei Zwillingsschwangeren verstärkt bestehende Risiko übermäßiger Gewichtszunahme und hohen Blutdrucks (über 140/ 90) deutlich senken.

Sollten Sie aber trotz all Ihrer Bemühungen eines Tages unter Kopfschmerzen, Wassereinlagerungen an Händen, Füßen und im Gesicht, Erbrechen, Sehstörungen und Schwindelgefühl leiden, suchen Sie bitte umgehend Ihren Arzt auf. Es könnte eine **Schwangerschaftsvergiftung** (Präeklampsie) vorliegen, die unbehandelt eine große Gefahr für Sie und Ihre Kinder bedeutet. Stellt der Arzt bei Ihnen zu den obigen Symptomen zusätzlich erhöhten Blutdruck und Eiweiß im Urin fest, wird er körperliche Schonung und Vermeidung von Stress verordnen und Sie zur besseren Kontrolle vielleicht in ein Krankenhaus einweisen. Um kein Risiko einzugehen, geschieht das bei Zwillingsschwangeren relativ häufig.

Etwa 20 Prozent aller Mehrlingsschwangeren erkranken an einer Präeklampsie, das ist viermal häufiger als bei Einlingsschwangeren. Unbehandelt kann es zur **Eklampsie** mit Krampfanfällen bis hin zum Koma kommen. Eine Eklampsie ist ein echter Notfall! Bitte sofort den Notarzt rufen und im Rettungswagen in die Klinik fahren! Auch für eine Eklampsie liegt das Risiko bei Ihnen wieder fünfmal höher als bei werdenden Einlingsmüttern, es ist mit 0,5 Prozent – rechtzeitige Behandlungen vorausgesetzt – aber insgesamt doch recht niedrig anzusehen.

Neben der verstärkten Neigung zur Präeklampsie (besonders übrigens bei schwül-heißem Wetter) berichteten die von mir getroffenen Zwillingsmütter auch immer wieder von der so genannten Muttermundschwäche und Problemen mit drohenden Fehl- und Frühgeburten.

Wenn die Gebärmutter nach der 12. Schwangerschaftswoche ständig größer und schwerer wird, kann eine **Muttermundschwäche** (Zervix-Insuffizienz) zu einem vorzeitigen Öffnen des Gebärmutterschließmuskels führen. Werdende Zwillingsmütter sind durch die stärkere Beanspruchung ihrer Gebärmutter der Gefahr einer vorzeitigen Muttermundöffnung besonders ausgesetzt. Daher untersucht der Arzt bei jeder Vorsorgeuntersuchung, ob Ihr Muttermund noch fest geschlossen ist und weist Sie bereits bei der Andeutung einer vorzeitigen Öffnung in das Krankenhaus ein, um dort unter Vollnarkose den Gebärmutterhals von der Scheide aus zuzunähen. Dieser Eingriff ist einfach und ungefährlich. Sie sollten im weiteren Schwangerschaftsverlauf allerdings jede körperliche Anstrengung meiden. Der Faden wird ungefähr zwei Wochen vor dem errechneten Geburtstermin ambulant gelöst, falls es Ihre Zwillinge nicht besonders eilig haben und vorzeitige Wehen eine sofortige Öffnung der Schlinge nötig machen.

Heftige ziehende Schmerzen im Kreuz und/oder Bauch kündigen oftmals eine Fehl- oder Frühgeburt an, besonders, wenn Blutungen hinzukommen. Lassen Sie sich sofort – am besten liegend – in das Krankenhaus bringen, laufen Sie nicht mehr aufgeregt herum, hier hilft nur noch schnelles Handeln. Der Arzt wird Ihnen wehenhemmende Medikamente und strikte Bettruhe, meistens im Krankenhaus, verordnen.

Von einer **Fehlgeburt** spricht man vor der vollendeten 28. Schwangerschaftswoche, auch wenn heute bereits Kinder ab der 24. Schwangerschaftswoche eine Überlebenschance haben (in seltenen Fällen sogar ab der 22. Woche). Die Gründe für eine Fehlgeburt sind vielfältig und meist nicht genau festzustellen: oftmals liegt es aber daran, dass die Föten selbst sich nicht normal entwickeln. 15 Prozent aller werdenden Zwillingsmütter leiden in der frühen Schwangerschaftsphase unter Blutungen, die Fehlgeburtenrate liegt zwei- bis dreimal höher als bei Einlingen.

Zwillingsschwangerschaften enden relativ häufig mit einer **Frühgeburt.** Sie liegt vor, wenn die Neugeborenen weniger als 2500 g wiegen oder vor der 37. Schwangerschaftswoche geboren werden. Durch ihr niedriges Gewicht sind etwa 52 Prozent aller Zwillinge Frühgeburten, selbst wenn sie erst nach 40 Schwangerschaftswochen, also voll ausgetragen, zur Welt kommen. Man bezeichnet diese Kinder dann korrekterweise als **Mangelgeburten** oder „small-for-date-babys" (zu klein für ihr Tragzeitalter). Oft ist aber nur ein Kind leichter als 2500 g. Es wird eventuell im Brutkasten versorgt, der andere Säugling darf bei der Mutter bleiben.

Kündigt sich eine Frühgeburt vor der 37. Schwangerschaftswoche an, wird der Arzt versuchen, die Geburt durch einen Krankenhausaufenthalt mit strikter Bettruhe und wehenhemmenden Medikamenten (Tokolyse) so lange wie möglich hinauszuzögern. Die Überlebenschancen der Zwillinge wachsen mit jeder Woche, die sie in Ihrem Bauch verbringen können. Besteht allerdings die Gefahr einer schweren Schwangerschaftsvergiftung, so ist ihr Überleben im Brutkasten eher gewährleistet.

Während bei Einlingsschwangerschaften eine durchschnittliche Tragezeit von etwa 280 Tagen zugrunde gelegt wird, kommen Zwillinge im Mittel etwa 14 Tage früher zur Welt. Vor allem eine intensive Schwangerschaftsvorsorge mit besonderem Augenmerk auf eine beginnende Plazenta-Insuffizienz und körperliche Schonung – eventuell sogar die Aufgabe der Berufstätigkeit ab der 28. Schwangerschaftswoche – sind jedoch in der Lage, diesen Zahlenwert nach oben zu verschieben.

Ein weiteres, wenn auch recht seltenes Risiko der Zwillingsschwangerschaft stellt die **placenta praevia**, eine vorzeitige Lösung der falsch sitzenden Plazenta, dar. Da eigentlich nur der obere Gebärmutterabschnitt gute Implantationsbedingungen für den Mutterkuchen bietet, sind bei zwei vorhandenen Plazenten oftmals keine idealen Einnistungsmöglichkeiten gegeben. Diese Komplikation ist, als Folge der größeren Flächenbeanspruchung der Plazenten, bei etwa 2 Prozent aller werdenden Mehrlingsmütter zu beobachten. Symptome sind schmerz- und wehenlose Blutungen, besonders im letzten Schwangerschaftsdrittel. Wie bei allen Blutungen gilt auch hier: sofort ins Krankenhaus, am besten liegend!

Können auch Zwillinge vor der Geburt untersucht werden?

Dank hoch auflösender Ultraschallgeräte ist es heute möglich, schon sehr früh und relativ genau auf schonende Weise Erkrankungen Ungeborener festzustellen. So kann zum Beispiel ab der 13. Schwangerschaftswoche die Dicke der Nackenfalte des ungeborenen Kindes zu einer ersten Abklärung des Down-Syn-

droms herangezogen werden. Völlige Sicherheit bringt allerdings stets nur eine Untersuchung des genetischen Materials.
Ist mehr als ein Kind unterwegs, wagen jedoch nicht alle Ärzte
eine Chorionzottenbiopsie, die frühest mögliche Untersuchungs-
methode. Damit die Entnahme klappt, müssen im Ultraschall
deutlich zwei Fruchtblasen zu sehen sein und abgegrenzte Pla-
zentastrukturen (siehe dazu Kapitel „Wie Zwillinge entstehen").
Weil aber bei Mehrlingen die Fehlgeburtsrate schon von Natur
aus höher ist, wartet man fast immer den Termin für eine Fruchtwasserpunktion ab. Wenn der Arzt aus der Fruchtblase Wasser
entnommen hat, färbt er den Inhalt blau ein, damit er beim
zweiten Stich sicher in die andere vordringt. Zweieiige Zwillinge
haben unterschiedliches genetisches Material, deshalb müssen
beide Kinder untersucht werden. Wegen des hohen Abort-Risi-
kos wird jedoch auch die Fruchtwasserpunktion nur in dringen-
den Fällen durchgeführt.

Was darf man als werdende Zwillingsmutter noch?

Wenn Sie im vorangegangenen Kapitel nun ständig von strikter
Bettruhe gelesen haben, brauchen Sie sich aber nicht sofort hin-
zulegen, in Watte zu packen und so zu verharren, bis der Geburtstermin naht. Das wäre für Sie jetzt ebenso verkehrt – außer:
die Schonung ist ärztlich verordnet – wie ein allzu aktives Leben.
Zwar sollten Sie sich als werdende Zwillingsmutter noch weniger
belasten als eine Einlingsschwangere, und es sind auch nicht
mehr alle Unternehmungen anzuraten. Aber Ihre Muskeln und
Ihr Kreislauf dürfen während der Schwangerschaft auch nicht
ständig unterfordert bleiben, da sie sonst der Geburt nicht gewachsen sein könnten.
Generell gilt für Ihre Unternehmungen während der Schwangerschaft folgender Leitsatz: Sie dürfen alles, was Ihnen Spaß macht
und wobei Sie sich wohl fühlen, in Maßen betreiben. Sobald allerdings erste Anzeichen von Unbehagen – sei es nun körperlich

oder vom Gefühl her – auftreten, sollten Sie lieber von der betreffenden Aktivität ablassen. Horchen Sie auf das in Ihrem Körper eingebaute „Alarmsystem" und im Zweifelsfalle, wie könnte es anders sein, auf Ihren Arzt.

Nun gibt es Dinge, da kann man sich nicht aussuchen, ob man sie tun will oder nicht. Am Arbeitsplatz fallen eine ganze Reihe Tätigkeiten an, die Ihnen als werdende Zwillingsmutter besonders abträglich sind. Nach dem Mutterschutzgesetz dürfen Sie in Ihrem Beruf nur noch solche Tätigkeiten ausüben, die Ihre und die Gesundheit Ihrer Kinder nicht gefährden. Unterrichten Sie – falls noch nicht geschehen – Ihren Arbeitgeber unverzüglich von Ihrer Schwangerschaft; er darf Ihnen dann bis zum Ablauf von vier Monaten nach der Geburt nicht kündigen und hat dafür Sorge zu tragen, dass die Vorschriften des Mutterschutzgesetzes eingehalten werden.

Verboten sind das Heben und Tragen von Lasten, schwere körperliche Arbeit, Akkord- und Fließbandarbeit sowie Nacht- und Mehrarbeit. Ihnen müssen Pausen ermöglicht werden, in denen Sie sich bei sitzender Tätigkeit bewegen und bei stehender Tätigkeit setzen dürfen. Sollte es Probleme bei der Einhaltung dieser Vorschriften geben, können Sie sich an den Betriebs-/ Personalrat oder das Gewerbeaufsichtsamt wenden.

Vermeiden Sie auch im Haushalt das Heben und Tragen schwerer Dinge wie Einkaufstaschen oder Möbel; Frühwehen oder eine Fehlgeburt könnten die Folge sein. Wer sich an Ihren schmutzigen Fenstern stört, sei es Mann oder Schwiegermutter, soll selber putzen, Sie lassen besser die Finger davon. Überhaupt ist eine nicht ganz so ordentliche Wohnung während der Schwangerschaft bereits eine sehr gute Vorbereitung auf die chaotischen Zustände nach der Geburt Ihrer Zwillinge.

Autofahren dürfen Sie, solange Sie noch hinter das Steuer passen, und sich – das ist wesentlich – noch wohl fühlen. Von langen Fahrten, eventuell noch bei heißem Wetter, das Ihren Organismus von vornherein stark beansprucht, sollten Sie auch als Beifahrerin jetzt aber doch lieber Anstand nehmen.

Ohnehin ist Ihre Reaktionsfähigkeit während der Schwangerschaft herabgesetzt, die Gefahr, dass Ihnen am Steuer schlecht wird, dagegen erhöht. Sie unterliegen auch mit Ihrem dicken Bauch der Anschnallpflicht. Ist Ihr Unbehagen mit Gurt allerdings sehr groß, gibt es ein Hilfsmittel: Ein Kissen mit Schlaufe zwischen den Beinen, die den Gurt unterhalb des Bauches laufen lässt. Nur in Ausnahmefällen – falls medizinische Gründe vorliegen – können Sie sich durch ein Attest von der Anschnallpflicht befreien lassen.

Lassen Sie jedoch das Auto, sooft es sich anbietet, stehen und gehen Sie zu Fuß. Solange Sie keine Gewaltstrecken absolvieren, ist Spazierengehen während der Schwangerschaft sehr gesund. Durch regelmäßige Bewegung können Sie zum einen das Risiko einer Thrombosebildung in den Beinen, die aufgrund der durch die Gebärmutter im Beckenbereich abgedrückten Blutgefäße entstehen kann, verringern, zum anderen kommt Ihr Kreislauf in Schwung. Steigen Sie bei Busfahrten eine Haltestelle früher aus, gehen Sie abends vor dem Schlafengehen noch eine kleine Runde mit Ihrem Partner. Ihren Zwillingen gefällt das auch. Das rhythmische Schaukeln wiegt sie – wie später in der Stubenwiege oder im Kinderwagen – sanft in den Schlaf. Letzteres hat zusätzlich noch den Vorzug, dass Ihre Kinder Sie dann nicht durch allabendliche Turnübungen am Einschlafen hindern.

Gut für Kreislauf und Muskulatur ist auch Schwangerschaftsgymnastik ab der 20. Schwangerschaftswoche, die häufig im Rahmen eines Geburtsvorbereitungskurses angeboten wird. Gezielte Lockerungsübungen sollen vor allem die Geburtswege elastisch machen und sie auf die Entbindung vorbereiten. Fragen Sie aber vorsichtshalber Ihren Arzt, ob Sie an derartigen Übungen teilnehmen dürfen. Weisen Sie auch die Kursleiterin darauf hin, dass Sie Zwillinge erwarten. Sie wird dann auf Übungen achten, die Sie besser auslassen sollten. Im Geburtsvorbereitungskurs wird überdies versucht, der werdenden Mutter durch aufklärende Gespräche über die Vorgänge bei der Geburt sowie durch bewusste Entspannungsübungen für die Wehenpausen die Angst vor der Entbindung zu nehmen. Angst ist der auslösende Faktor für Verkrampfungen der Muskulatur, die die Geburtswehen schmerzhafter werden lassen. Eine positive Einstellung zur Geburt kann Ihnen daher die Entbindung erleichtern.

Die Lehrgänge werden von Volkshochschulen, Familienbildungsstätten, Kliniken und Hebammen angeboten. In der Regel wird ein Kurs von der Krankenversicherung erstattet. Zusatzkurse wie Yoga oder Meditation sind dagegen Ihr „Privatvergnügen".

Neben all den bereits genannten Vorteilen haben diese Kurse auch den Vorzug, dass Sie mit anderen Schwangeren zusammentreffen und hören, wie diese unter ihren Zipperlein leiden. Sie fühlen sich mit Ihren Wehwehchen nicht mehr so alleine, führen nette Gespräche, und manchmal entwickeln sich sogar enge Freundschaften unter den Teilnehmern.

Eventuell finden Sie in so einem Kurs ja Schwangere, die mit Ihnen zum **Schwimmen** gehen, falls Ihr Partner keine Zeit oder Lust hat und Sie sich alleine nicht dazu aufraffen können. In einigen Bädern werden sogar extra Zeiten für Schwangere freigehalten, in denen Sie dann geruhsam Ihre Bahnen ziehen dürfen. Schwimmen fordert den Kreislauf und die Muskulatur, entlastet jedoch gleichzeitig die arg strapazierte Wirbelsäule, besonders beim Rückenschwimmen. Sind Sie sich nicht sicher, ob Schwimmen für Sie geeignet ist, fragen Sie besser Ihren Arzt, ebenso bei allen anderen Sportarten, die Sie während der Schwangerschaft ausüben wollen. Von vornherein abzuraten ist von Sportarten, die mit Erschütterungen oder eventuellen Stürzen verbunden sind, wie Reiten, Schlittschuhlaufen oder Tennis.

Von einem **heißen Bad** (wärmer als 37°C) sollten Sie jetzt auch besser Abstand nehmen, es könnte Frühwehen auslösen und belastet außerdem den Kreislauf zu sehr, ebenso wie intensives Saunen. Duschen ist wegen der Infektionsgefahr bei einer vorzeitigen Muttermundöffnung generell geeigneter als Baden. Schließen Sie übrigens nie die Badezimmertür ab, sonst kann niemand zu Ihnen, falls Sie eventuell stürzen.

Vielleicht wollen Sie sich mit Ihrem Partner von dem Schreck, Zwillingseltern zu werden, auf einer **Reise** erholen. Die beste Reisezeit ist das zweite Schwangerschaftsdrittel, Flugreisen (ausgenommen Langstreckenflüge) sind, da sie erschütterungsfreier verlaufen, angenehmer als lange Autotouren. Ein ideales Beförderungsmittel ist auch die Bahn. Fragen Sie vor einer Buchung auf jeden Fall Ihren Arzt, nur er kann beurteilen, ob Ihr Zustand eine Reise wirklich zulässt. Schließen Sie bei einer zu buchenden Pauschalreise eine Reiserücktrittskostenversicherung und eine Rücktransportversicherung im Krankheitsfalle ab.

Erwähnen Sie am Flughafenschalter bei der Verteilung der Platzkarten Ihre Schwangerschaft (falls man sie noch nicht sieht), Sie erhalten dann keinen Platz in den Notausstiegsreihen, sondern bekommen, wenn möglich, einen Sitz in der ersten Reihe zugewiesen. Einige Fluggesellschaften lehnen es übrigens ab, Hochschwangere zu transportieren. Erkundigen Sie sich nötigenfalls vorher.

Wählen Sie einen Urlaubsort mit mildem Klima; hohe Temperaturen und feuchtwarme Luft verkraften Sie in Ihrem Zustand nur schwer. Ein Urlaub in Gegenden mit ausgeglichenen Klimabedingungen, wie sie die kanarischen oder griechischen Inseln bieten, ist übrigens ein gutes – wenn auch sicherlich nicht ganz preiswertes – „Heilmittel", falls ihre Übelkeitsanfälle im fünften Schwangerschaftsmonat noch nicht abgeklungen sind. Dies erfuhr ich sowohl aus Erzählungen anderer Zwillingsmütter als auch am eigenen Leib. Mein allmorgendliches Erbrechen in den eigenen vier Wänden war auf der Reise wie weggeblasen und kam auch nach dem Urlaub nicht wieder.

Übernehmen Sie sich am Urlaubsort nicht, schwimmen Sie in Maßen und nie alleine. Von strapaziösen Rundreisen sollten Sie auch besser Abstand nehmen, Jeeptouren auf schlaglochübersä-ten Straßen sind ein gutes Mittel zur Geburtseinleitung, falls Ihre Zwillinge unbedingt kleine Spanier werden sollen.

Legen Sie die Füße hoch, ruhen Sie im Halbschatten, gehen Sie abends lieber früh ins Bett statt in die Disko. Im Bett brauchen Sie ja nicht unbedingt sofort zu schlafen. **Geschlechtsverkehr** ist während einer normal verlaufenden Schwangerschaft durchaus erlaubt. Vor allem Männer unterliegen in dieser Hinsicht oft einem Irrtum und behandeln ihre Partnerin als geschlechtsloses dicken Bauch. Doch gerade während der Schwangerschaft haben man-che Frauen (nicht alle!) häufig ein gesteigertes Bedürfnis nach Zärtlichkeit. Für körperliche Liebe gibt es nicht nur einen Weg, vielleicht bereichert der „dicke Bauch" ja sogar Ihr Sexualleben.

Sex ist nur dann nicht ratsam, wenn die Gefahr einer vorzeitigen Muttermundöffnung besteht, also auf diesem Wege Keime ein-geschleppt werden könnten, die eine Infektion verursachen. Manchmal empfiehlt der Arzt auch, in den Zeiträumen, in die normalerweise ohne Schwangerschaft die Monatsblutung fallen würde, enthaltsam zu sein. Die Gebärmutter reagiert zu diesen Terminen leichter mit Wehen. Fragen Sie bei Unsicherheiten Ihren Arzt. Es braucht Ihnen nicht peinlich zu sein, über diese Dinge zu sprechen; schließlich kann der Arzt sich denken, auf welchem Wege Ihre Zwillinge entstanden sind.

Wie Zwillinge die Schwangerschaft erleben

Nicht nur für Sie als werdende Eltern bedeuten die Monate der Schwangerschaft eine aufregende Zeit. Durch die pränatale (vor-geburtliche) Psychologie weiß man heute, dass auch das Un-geborene im Mutterleib nicht vor sich hin dämmert, sondern von seiner Umwelt Kenntnis nimmt, auf sie reagiert und „Erinne-rungen" an die Zeit vor der Geburt behält.

Zur engsten Umwelt ungeborener Zwillinge gehört der andere Zwilling. Es stellt sich natürlich die Frage, ob neun Monate Gemeinsamkeit im Bauch der Mutter bei den Zwillingen nach der Geburt Spuren im Verhalten hinterlassen. Zwillinge sind ja durch ihren Bauchgenossen einer besonderen Situation ausgesetzt. Wie Ultraschallaufnahmen zeigen, kann sich ein Einling in den ersten sechs Schwangerschaftsmonaten beliebig drehen und im Fruchtwasser umherschwimmen. Bei Zwillingen enden solche Freiheiten wesentlich früher, es wird sehr bald eng. Ob es damit für die Ungeborenen auch ungemütlich wird, vermag die Psychologie noch nicht eindeutig zu sagen, da die Kinder ja noch nichts anderes kennen und Enge auch Nähe verkörpern kann.

Eine Bewegung des einen Zwillings bedeutet stets einen Knuff für den anderen (und für die werdende Mutter, aber das nur nebenbei), besonders, wenn beide Ungeborenen in einer gemeinsamen Fruchtblase liegen und kein Fruchtwasser als Polster dient. Der getroffene Zwilling dreht sich entweder weg oder erwidert die Berührung.

Ab dem fünften Schwangerschaftsmonat verschärft sich der Verdrängungswettbewerb um Platz und Nahrung, wobei dieser „Kampf" selten unentschieden ausgeht. Meist hat ein Kind von seiner Einnistung in die Gebärmutter an die besseren Chancen, baut diesen Vorsprung immer weiter aus, wird kräftiger und schwerer als sein Zwilling. Das stärkere ist auch häufig das erstgeborene Kind, wenngleich es sich hiermit nicht unbedingt einen Gefallen erweist, da es so auch der Wegbereiter sein muss. Das kleinere Kind gleitet „mühelos" auf diese Welt.

Bedeutet nun Rivalität im Bauch auch Rivalität auf Lebenszeit? Es wird zumindest angenommen. Fest steht, dass es Zwillingspaare gibt, die ständig im Streit miteinander liegen, während andere Paare eine Einheit bilden und sehr gut harmonieren. Auch die von mir befragten Zwillingseltern konnten von beiden Verhaltensweisen berichten, wobei natürlich Pärchen, die der zweiten

Kategorie angehören, im täglichen Umgang leichter zu handhaben sind als notorische Streithähne.

Meine eigenen – vermutlich eineiigen – Zwillinge begannen übrigens erst ab dem 10. Monat zu rivalisieren und erste Rangeleien auszutragen. In den ersten Monaten fing der Kleinere (im Bauch arg Bedrängte und Zweitgeborene) dagegen jämmerlich zu weinen an, wenn sein „großer" Bruder sich näherte, und überließ diesem auch Kekse oder Spielzeug kampflos. Besonders schlimm war das Gebrüll, wenn der „Große" den „Kleinen" aus Versehen trat. Ob dies ein aus dem engen Bauch beibehaltenes Trauma war, sei hier dahingestellt. Gerade auf diesem Gebiet der Psychologie wird vieles Spekulation bleiben, da man die Betroffenen ja schlecht befragen kann.

Ich möchte es daher auch bei diesem kurzen Einblick in den mütterlichen Bauch bewenden lassen. Dieser kleine Abschnitt sollte Ihnen nur verdeutlichen, dass Ihre Zwillinge bei der Geburt durchaus keine unbeschriebenen Blätter sind, sondern Geschwister, die bereits ein ausgeprägtes Verhältnis zueinander entwickelt haben.

Die Zwillingsgeburt – stets ein Risiko

Schon einige Zeit, bevor der errechnete Geburtstermin Ihrer Zwillinge ansteht, sollten Sie sich einmal in Ruhe die Entbindungskliniken in Ihrer Umgebung ansehen. Hierzu bieten die einzelnen Krankenhäuser meist regelmäßig Infoabende an, oder Sie erhalten im Rahmen des Geburtsvorbereitungskurses Gelegenheit, die Entbindungszimmer der Kliniken zu besichtigen und Fragen zu stellen.

Da für Zwillingsgeburten allgemein gilt, dass ihr Verlauf unberechenbar ist, sollten in der „optimalen" Geburtsklinik folgende Ärzte bzw. Teams rund um die Uhr im Haus sein:

· ein Gynäkologe
· ein OP-Team
· Anästhesie (Arzt und Pfleger)
· ein Kinderarzt

Wünschenswert wäre zudem, dass sich im Haus eine Frühgeborenen-Intensivstation befindet, damit die Zwillinge gegebenenfalls sofort nach der Entbindung gezielt versorgt werden können. Wenn es zu Komplikationen kommt, leiden darunter ja meist die Neugeborenen, mitunter ein Leben lang. Außerdem hat eine integrierte Frühgeborenen-Abteilung den Vorteil, dass Ihre Winzlinge nach der Geburt nicht vielleicht kilometerweit und unerreichbar von Ihnen entfernt in einem anderen Krankenhaus im Brutkasten liegen (wie das bei mir der Fall war).

Haben Sie sich schließlich für eine bestimmte Entbindungsklinik entschieden, ist es auch sinnvoll, sich deutlich vor dem Geburtstermin mit der Anästhesie-Abteilung der Klinik in Verbindung zu setzen. In einem ruhigen Gespräch wird Ihnen ein Narkosearzt gerne die Möglichkeiten der Schmerztherapie während der Geburt erläutern. Wochen später fällt es Ihnen unter starken Wehenschmerzen nämlich nicht mehr so leicht, zuzuhören und sich über die verschiedenen Verfahren Gedanken zu machen!

Die hervorstechendste Abweichung einer Zwillingsgeburt von einer „normalen" Einlingsgeburt stellt sicherlich die häufiger angewandte operative Entbindung der Kinder dar. Allgemein werden mehr als 60 Prozent aller Zwillinge durch Kaiserschnitt entbunden, etwa 30 Prozent kommen spontan zur Welt und unter 10 Prozent der Zwillingsgeburten erfordern den Einsatz von Hilfsmitteln wie Saugglocke, Shute-Zange oder der Hand des Arztes.

Durch den **Kaiserschnitt** (sectio caesarea) ist man in der Lage, das Risiko für das Leben der Zwillinge, und hier besonders des Zweitgeborenen, in hohem Maße zu verringern. In manchen Kliniken wird daher sehr rasch entschieden, eine **Mehrlings-schwangerschaft** per sectio zu beenden, während andernorts doch versucht wird, unter intensiver Beobachtung des Geburtsvorganges vaginal zu entbinden – nicht zuletzt, um den Eltern das Erlebnis der Geburt ohne medizinischen Eingriff zu erhalten. Die Geburt bewusst miterleben können Mütter jedoch auch bei einer geplanten Kaiserschnittentbindung, wenn sie sich für eine rückenmarksnahe Anästhesie entscheiden – die **Periduralanäs-thesie** (PDA) bzw. die **Spinalanästhesie** (SPA). Beide Arten der Teilnarkose sind sicher für die Mutter. Vor allem aber ist diese Art der Narkose für die Zwillinge gut, da der Uterus hierbei optimal durchblutet bleibt. Ja, der Kaiserschnitt ist durch die Regionalnarkose heute tatsächlich so sicher geworden, dass eine spontane Risikogeburt fast immer gefährlicher ist!

Voraussetzung für eine rückenmarksnahe Betäubung ist allerdings, dass der Anästhesist genug Zeit hat, die Narkose anzulegen. Dies erfordert bei der SPA (bei der mit einer hauchfeinen Nadel in den Spinalkanal gestochen wird) etwa 15 Minuten vor dem Schnitt, bei der PDA (bei der ein Katheder gelegt werden muss) ungefähr 45 Minuten. Muss die Geburt im Fall einer Notsituation schneller erfolgen, bleibt also nur die Vollnarkose. Aber bitte seien Sie in diesem Fall nicht zu enttäuscht. Die Gesundheit Ihrer Kinder geht vor!

Warum eine Zwillingsschwangerschaft manchmal vorzeitig beendet werden muss

Falls Ihre Zwillinge nicht ohnehin das Bedürfnis verspüren, vor der 37. Schwangerschaftswoche zur Welt zu kommen, tritt in den letzten Wochen vor der Geburt besonders ein Problem in den Vordergrund: die **Plazenta-Insuffizienz**. Sie liegt vor, wenn die Plazenta nicht mehr in der Lage ist, beide Kinder optimal zu versorgen.

Um das Wachstum der Kinder im Mutterleib zu beobachten, bedient sich der Arzt bei den Vorsorgeuntersuchungen sowohl des **Cardiotokographen** als auch des **Ultraschallgeräts**. Mit letzterem ist er in der Lage, den biparietalen Kopfdurchmesser (bp-Durchmesser) und den Brustkorbdurchmesser der Ungeborenen zu bestimmen, um daraus ihr Geburtsgewicht zu schätzen. Hierbei werden 2000 g (das entspricht einem bp-Durchmesser von 8,7 bis 8,8) als „kritische Gewichtsgrenze" angesehen. Nach Überschreiten dieses Gewichtes verbessern sich die Überlebenschancen von Neugeborenen kaum noch. Bei einer normalen Entwicklung der Kinder ist das Erreichen dieser Gewichtsgrenze für den Arzt jedoch kein Anlass, die Schwangerschaft nun aktiv zu beenden.

Erst wenn beim Vergleich der bp-Kopfdurchmesser beider Zwillinge ein Größenunterschied von mehr als 4 mm festgestellt wird, besteht der Verdacht, dass das kleinere Kind aufgrund einer Plazenta-Insuffizienz unterversorgt und damit sein Leben in Gefahr ist.

Gerade in den letzten Wochen der Schwangerschaft kann sich die Gewichtsdifferenz von Zwillingen stark vergrößern. Manche Mediziner neigen daher dazu, Mehrlingsschwangerschaften, auch bei unkompliziertem Verlauf, generell am Ende der 38. Woche zu beenden.

Besteht jedoch der Verdacht auf Plazenta-Insuffizienz, so werden die Zwillinge nach der 32. Schwangerschaftswoche per Kaiser-

schnitt entbunden, da zu diesem Zeitpunkt die Lungenreife der Kinder weit genug vorangeschritten ist. Eine sehr stark ausgeprägte Wachstumsbeeinträchtigung des kleineren Zwillings lässt es allerdings nicht mehr zu, abzuwarten, bis dieser Grenzwert erreicht ist. Die Entbindung wird in diesem Fall durchgeführt, nachdem die Lungenreife der Ungeborenen 36 bis 48 Stunden vorher medikamentös durch Hormongaben (Glukokortikoide) gefördert wurde. Der Brutkasten ist unter der Voraussetzung der akuten Unterversorgung für beide Kinder sicherer als Ihr Bauch.

Die Betreuung der Zwillingsgeburt durch Hebamme und Arzt

Eine normale, vaginale Entbindung kann angestrebt werden, wenn zumindest eines der Kinder mit dem Kopf nach unten in Ihrem Bauch liegt. Dass sogar beide Babys mit dem Kopf nach unten liegen, ist bei etwa 50 % der Zwillingsgeburten der Fall. Meist geht aus dieser Konstellation das kräftigere auch als das erstgeborene Kind hervor. Es tut sich damit jedoch nicht unbedingt einen Gefallen, da es die Geburtswege weiten muss. Das Zweitgeborene gleitet bei komplikationslosem Geburtsverlauf wesentlich leichter auf diese Welt.

„Sitzen" beide Kinder allerdings in Ihrem Bauch, befinden sie sich also in Steißlage, so müssen Sie mit einer Kaiserschnittentbindung rechnen, auf die Sie sich jedoch schon lange vor dem errechneten Geburtstermin einstellen können – Zwillinge werden relativ früh jeder Möglichkeit beraubt, ihre Geburtslage zu ändern.

Hebamme und Arzt sind im Geburtsverlauf darauf bedacht, den Abstand zwischen den beiden Entbindungen nicht unnötig lange hinauszuzögern. Prozeduren mit zwei bis drei Stunden andauernden Presswehen werden heute vermieden, um die Sauerstoffversorgung des zweiten Kindes nicht zu gefährden. Wehenschwächen, die als Folge der starken Überdehnung des Uterus bei Zwillingsgeburten recht oft auftreten, wird durch Oxytocininfusionen begegnet. Die Wehentätigkeit lässt sich auf diese Weise behutsam steuern.

Nach einer komplikationslosen Geburt des ersten Kindes wird in der Regel sofort die zweite Fruchtblase (falls vorhanden) gesprengt und durch eine vaginale Untersuchung die Lage des zweiten Kindes bestimmt. Damit es sich nicht querlegt, wird es gegebenenfalls von außen in Position gehalten. Bei Schädellage und guten Herztönen lässt der Arzt auch das zweite Kind ohne Fremdhilfe zur Welt kommen. Bei Steißlage wird dagegen ein Fuß heruntergeholt und das Baby wird herausgezogen.

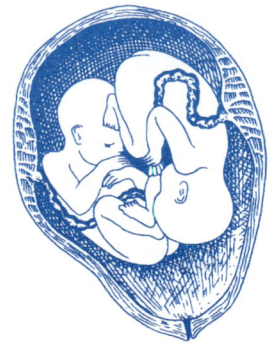

Die drei Positionen der Zwillinge
vor der Geburt.
Bild 1: beide Babys liegen in
idealer Geburtsstellung;
Bild 2: ein Kind liegt in Kopflage,
das andere in Steißlage;
Bild 3: beide Babys liegen
in Steißlage.

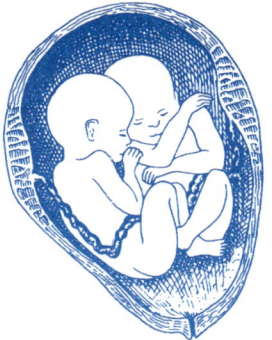

Musste allerdings bereits beim Erstgeborenen mit Zange oder
Saugglocke nachgeholfen werden, so setzt der Arzt diese Hilfs-
mittel beim zweiten Kind meist sofort ein. Besonders, wenn
Herztonveränderungen registriert werden und eine unnötige
Geburtsverzögerung verhindert werden soll. Besteht zudem die
Gefahr, dass sich bei der Geburt des ersten Kindes die Plazenta
teilweise gelöst hat, wird ebenfalls versucht, die Entbindung so

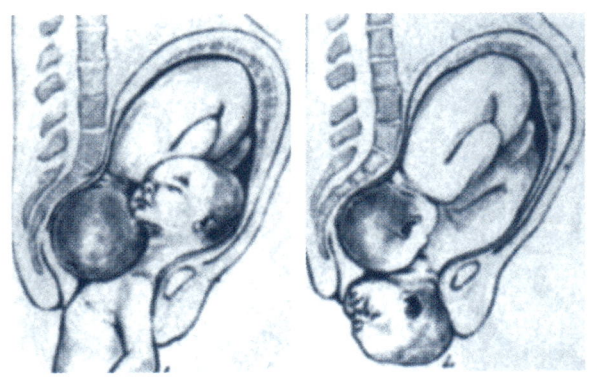

Zwei Möglichkeiten
einer Zwillingskollision.

schnell wie möglich zu beenden, da sich mit der Plazentaablö-
sung eine Sauerstoffmangelsituation für den noch ungeborenen
Zwilling einstellt.

Äußerst selten tritt bei Zwillingsgeburten eine Zwillingskollision
ein, wobei vor allen Dingen eineiige Zwillinge durch ihre gemeinsame Fruchtblase von dieser Komplikation betroffen sind.
Entsteht aufgrund einer Verzögerung der Austreibungsphase der
Verdacht auf Verkeilen zweier Kindsteile wie etwa den Köpfen, so
versucht der Arzt vielleicht zunächst, den höherstehenden Kinds-
teil mit der Hand zurückzuschieben.

Um die Gefahren einer Zwillingsgeburt für die Kinder gering zu
halten, geht man heute aber immer mehr dazu über, die Kaiserschnittentbindung bereits beim kleinsten Anzeichen einer Komplikation anzuwenden. Vor allem die Überlebenschancen des
zweitgeborenen Kindes werden so erheblich verbessert.

Kaiserschnitt ist auch dann angezeigt, wenn die werdende Mutter einen zu engen, wenig dehnungsfähigen Muttermund hat.
Der Arzt spricht hier von einem „niedrigen Portioindex". Ursache hierfür kann neben einer Veranlagung auch intensiv betrie-
bener Sport sein.

Das Vorliegen einer schweren Präeklampsie oder einer akuten
Plazentainsuffizienz, die zu befürchtende Verwicklung der Nabel-

schnüre eineiiger Zwillinge sowie eine geburtstechnisch ungüns-
tige Lage des ersten und/oder des zweiten Kindes sind weitere
Gründe für eine Entbindung per sectio.
Der gegenüber Einlingsgeburten gehäufte Einsatz von Fremdhilfe darf Sie als werdende Zwillingsmutter nicht allzusehr verwun-
dern. Mehrlinge sind beim Menschen eben nicht die Norm; die
Geburtswege sind ebenso wie der Bauch eigentlich nur für einen
Fötus ausgelegt. Komplikationen müssen zwar nicht sein, mit
ihrem Eintritt ist aber stets zu rechnen. Ein verantwortungsbe-
wusster Arzt wird nicht zu lange zögern, Hilfestellung zu leisten,
um Ihre Zwillinge aus ihrer „unnormalen" Situation zu befreien.
Ist eine normale Entbindung möglich, können die Zwillinge natürlich auch sanft geboren werden. Nichts spricht dagegen,
Zwillingsmüttern ihr erstes Kind in den Arm zu legen, während
das zweite Baby noch im Bauch ist. Allerdings benötigen Sie als
Zwillingsgebärende für die zweite Pressphase wieder die ganze
Konzentration. Geben Sie dann das erste Kind lieber dem Vater.

Die Neugeborenen

Sind die Zwillinge zur Welt gekommen, beginnt die Hebamme sofort mit ihrer Erstversorgung. Dabei darf in fast allen Kliniken der junge Vater mithelfen, oder sagen wir besser zugucken. Bei einer Kaiserschnittentbindung unter Vollnarkose fällt hier dem Partner sogar die Rolle zu, die kleinen Erdenbürger liebevoll zu empfangen. Man ist zwar bemüht, der Mutter, sobald sie aus der Narkose erwacht, die „Bündel" sofort an das Bett zu bringen – doch die Zwillinge nackt und gerade geboren, noch japsend und mit Käseschmiere bedeckt zu sehen, ist nur dem Vater vergönnt. Viele Mütter, deren Kinder unter Vollnarkose entbunden werden mussten, vermissen diese ersten entscheidenden Minuten. Zu den „fertig gepackten Kinderpäckchen" eine Beziehung aufzubauen, fällt anfangs etwas schwer, das Erlebnis der Geburt fehlt. Vielleicht ist die Anwesenheit des Vaters sofort nach dem Kaiserschnitt unter Vollnarkose daher sogar besonders wichtig. Der Partner ermöglicht es durch die Schilderung seiner Eindrücke und Empfindungen beim Anblick der Neugeborenen der Mutter am ehesten, Gefühle zu den noch unvertrauten Kindern aufzubauen.

Diese Vermittlerrolle (und das Amt des Muttermilchtransporteurs) nimmt der Vater auch ein, wenn einer der Zwillinge oder sogar beide Kinder sofort nach der Entbindung zur intensiven Versorgung in eine Kinderklinik eingeliefert werden. Der Anteil mangelgeborener Kinder, also jener Babys, die bei der Geburt zu leicht und zu klein sind, ist bei Zwillingen stark erhöht. Sie müssen damit rechnen, dass zumindest eines Ihrer Kinder noch einige Tage im Brutkasten oder Wärmebettchen aufgepäppelt wird. Die magische Gewichtsgrenze hierfür liegt bei 2500 g. Das durchschnittliche Gewicht von Zwillingen beträgt dagegen rund 2300 g, wobei die Zweitgeborenen im Mittel etwa 100 g weniger als ihre erstgeborenen Geschwister auf die Waage bringen.

Auch im Falle untergewichtiger Zwillinge ist die Hebamme be-
müht, die Neugeborenen – wenn es medizinisch vertretbar ist –
wenigstens so lange in der Geburtsklinik zu behalten, bis die
Mutter aus der Narkose erwacht und einen kurzen, benomme-
nen Blick darauf werfen kann. Doch dann heißt es für zu kleine
Säuglinge: ab in die Kinderklinik!
Die erste Zeit nach der Geburt kann vor allem für den jungen
Vater zur Strapaze werden. Im ungünstigsten Fall muss er seine
Familie auf drei verschiedenen Stationen besuchen; einen Zwilling auf der Intensivstation, den anderen im Wärmebettchen,
und schließlich die sehnlichst auf Berichte wartende Mutter im
Wochenbett.
Die Ärzte der Frühgeborenenstation oder der Kinderklinik fragen
für ihre kleinen Patienten im Allgemeinen sehr bald nach Mutter-
milch an. Diese ist gerade für zu früh geborene Kinder besonders
wichtig. Sie ist ausgewogen zusammengesetzt und damit den

noch unterentwickelten Funktionen des Magen-Darm-Kanals gut angepasst. Hat die Wöchnerin Milcheinschuss, so ist es in der ersten Zeit meist Aufgabe des Vaters, die abgepumpte Milch zur Kinderklinik zu bringen. Organisierte Transportdienste zwischen den einzelnen Krankenhäusern gibt es selten.

Die Belastung für den Zwillingsvater kann also bereits kurz nach der Geburt sehr hoch sein. Versuchen Sie als werdende Zwillingseltern daher, möglichst viele Besorgungen vor dem voraussichtlichen Geburtstermin zu erledigen. Nachher ist Zeit Mangelware.

Ist „Rooming-in" möglich?

Da die im vorangehenden Kapitel genannten Geburtsgewichte lediglich Durchschnittswerte sind, gibt es natürlich auch genügend Entbindungen, bei denen beide Neugeborenen über 2500 g wiegen und von Anfang an bei der Mutter bleiben dürfen. „Rooming-in" (die Möglichkeit, das Baby bei sich am Wochenbett zu haben) ist ja auf nahezu allen Säuglingsstationen möglich. Zwillinge sprengen jedoch manchmal den Rahmen des Machbaren. Wer die „Rooming-in"-Bettchen kennt, weiß, wieviel Platz sie beanspruchen. Manche Krankenzimmer sind für zwei dieser Betten pro Mutter einfach zu klein. Hinzu kommt das Problem, dass Sie als Wöchnerin mit der Versorgung beider Kinder oft noch überfordert sind, besonders nach einer Entbindung per Kaiserschnitt.

Nicht in allen Krankenhäusern ist es daher möglich und üblich, beide Zwillinge gleichzeitig bei sich im Zimmer zu haben und bei ihrer Versorgung von einer Säuglingsschwester unterstützt zu werden. In der Regel werden die Kinder dann abwechselnd tageweise zur Mutter gebracht, so dass Sie als Wöchnerin stets eines Ihrer Babys bei sich haben und das andere lediglich zu den Mahlzeiten sehen. Für Zwillinge und ihre Eltern gilt es eben schon von Anfang an, mit kleinen Problemen fertig zu werden.

Eineiig oder zweieiig?

Eine Frage beschäftigt Zwillingseltern häufig schon vor der Geburt ihrer Kinder: Werden sich die Neugeborenen wirklich gleichen wie „ein Ei dem anderen"? Natürlich ist es für alle Eltern am Wichtigsten, dass ihr Nachwuchs gesund zur Welt kommt, doch die Vorstellung, eineiige Zwillinge zu haben, entbehrt nicht eines gewissen Reizes.

Zur Beurteilung der Eineiigkeit werden im Wesentlichen sechs Kriterien herangezogen, wobei zunächst das **Geschlecht der Kinder** im Vordergrund steht. Handelt es sich bei den Neugeborenen um Junge und Mädchen, so ist die Diagnose sehr einfach, zweigeschlechtliche Zwillinge sind immer zweieiig.

Gleichgeschlechtliche Zwillinge, also zwei Jungen oder zwei Mädchen, können hingegen ein- oder zweieiig sein. So sind – eine äußere Ähnlichkeit der Kinder vorausgesetzt – weitere Befunde zur Diagnosestellung nötig, wie etwa die **Zahl der Eihäute**. Wie im Kapitel „Ein „Fehler"- eineiige Zwillinge" bereits beschrieben wurde, hängt die Zahl der gebildeten Eihäute bei eineiigen Zwillingen vom Teilungszeitpunkt der befruchteten Eizelle ab. Je früher sich die Trennung vollzieht, desto größer ist die Wahrscheinlichkeit, dass jeder Zwilling einen eigenen Lebensraum aus Chorion und Amnion ausbildet.

Da die frühe Entstehung eineiiger Zwillinge im „Morulastadium", die zur Anlage getrennter Eihäute führen würde, sehr selten ist, sind die Kinder, die, jedes für sich, in einem eigenen Chorion und einer eigenen Fruchtblase liegen, meist zweieiig.

Zwillinge, die in einem gemeinsamen Chorion, jedoch in getrennten Fruchtblasen leben, sind dagegen meist eineiig, ebenso Zwillinge, die Chorion und Fruchtblase gemeinsam nutzen. Die Trennung der befruchteten Eizelle erfolgte in diesen Fällen im „Blastulastadium" beziehungsweise noch später.

Aber auch durch die Diagnose der Eihäute lässt sich die Eineiigkeit der Kinder nicht 100prozentig bestimmen. Immer wieder kommt es zu Verschmelzungen der Eihäute zweieiiger Zwillinge, die eine Eineiigkeit vortäuschen. Aus dem gleichen Grunde erlaubt weder eine gemeinsame noch eine getrennte Anlageform der Plazenta eine sichere Diagnose.

Vor einiger Zeit sah man noch das Vorhandensein eines sogenannten „dritten Kreislaufes" in Form von feinen Verbindungen zwischen den ver- und entsorgenden Blutgefäßen der beiden Zwillinge als eindeutigen Beweis für die Eineiigkeit der Kinder an. Doch seit diese besondere Form der Gefäßausbildung bei anderen Säugetieren, wie etwa dem Rind, gehäuft bei zweieiigen Plazenten gefunden wurde, ist sich die Medizin auch in diesem Punkt ihrer Sache nicht mehr 100prozentig sicher.

Die größeren Chancen, Aufschluss über die Eineiigkeit der Neugeborenen zu erhalten, bietet eine umfassende Blutgruppenuntersuchung. Der Vergleich verschiedener Blutgruppensysteme gibt mit einer Sicherheit von 99,89 Prozent Auskunft. Allerdings wird diese Kontrolle nur auf besonderes Verlangen der neugierigen Eltern durchgeführt, die dann auch die nicht unerheblichen Kosten zu tragen haben.

Aber vielleicht wollen Sie sich die Spannung ja nicht nehmen lassen. Bei sehr ähnlichen Zwillingen gibt es häufig erst nach Jahren (doch oft ein Leben lang nicht) Gewissheit, wenn bei einem Vergleich der äußeren Merkmale wie Körpergröße, Zahnstellung und Ohrmuschelform diese exakt übereinstimmen. Bis dahin ist dem Rätselraten in der Familie kein Ende gesetzt. Sie werden sicherlich bald feststellen, wie unerschöpflich dieses Thema ist, besonders, wenn äußerlich sehr ähnliche Zwillinge vollkommen unterschiedliche Charaktere entwickeln.

Es gibt zwei Gründe, warum sich selbst eineiige Zwillinge oft nicht sofort nach der Geburt gleichen. Zum einen liegen bei Zwillingen häufig, durch die Enge des Uterus bedingte, leichte Deformierungen im Kopfbereich vor. Diese Verformungen haben keine negativen Auswirkungen auf die Gesundheit der Kinder

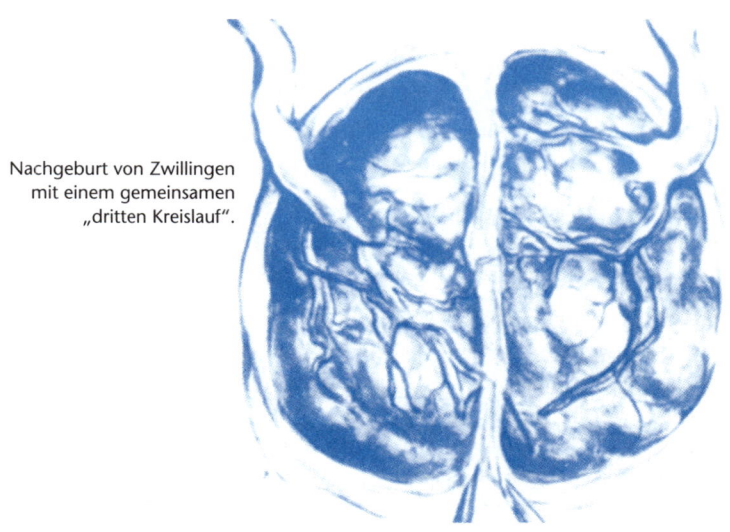

Nachgeburt von Zwillingen
mit einem gemeinsamen
„dritten Kreislauf".

und gehen auch in den ersten Monaten nach der Geburt zurück, führen aber natürlich zu Abweichungen im Äußeren.

Zum anderen zeichnen sich neugeborene Zwillinge meist durch unterschiedliche Geburtsgewichte aus. 500 g Differenz sind dabei keine Seltenheit. Das kleinere, schwächere Kind weicht durch seine Zartheit in der Regel noch mehrere Monate (bis Jahre) optisch vom größeren Zwilling ab und entwickelt auch Fähigkeiten wie Greifen, Krabbeln oder Laufen häufig zeitverzögert. Die Vorstellung, dass eineiige Zwillinge stets alles etwa zur selben Zeit erlernen, trifft also nur in Ausnahmefällen zu, denen man aber wiederum besondere Beachtung schenkt, da sie sich so gut in das „Wunschbild" eineiiger Zwillinge fügen.

Es ist übrigens interessant, dass vor allem die Eltern der Zwillinge ihre Kinder fast ausschließlich als zweieiig einstufen, selbst, wenn alle anderen größte Schwierigkeiten haben, die Zwillinge zu unterscheiden. Ich habe kein einziges Elternpaar getroffen, das permanente Probleme mit dem Auseinanderhalten seiner Kinder gehabt hätte – von gelegentlichen Verwechslungen in der Hetze des Alltags einmal abgesehen. Irgendeine Abweichung im Verhalten, ein langsamerer Gang, eine bestimmte, immer wiederkehrende Geste oder einfach ein anderer Gesichtsausdruck dienen den Eltern, meist unbewusst, als Unterscheidungsmerkmal. Ja, und wenn es eben diese Unterschiede gibt, wenn man die Zwillinge unterscheiden kann, können sie dann wirklich eineiig sein?

Doch ob nun eineiig oder nicht – Ihre Zwillinge werden in den nächsten Jahren stets im Mittelpunkt des Interesses bei Familienfeiern stehen. Wenigstens diese Prognose ist mit 100prozentiger Sicherheit zu stellen.

„Nomen est omen" – die Wahl der Vornamen

Vornamen sind bekanntlich Geschmackssache. Ich will an dieser Stelle auch nicht darüber entscheiden, welche Namenskombinationen nun besonders „schön" klingen, sondern nur kurz die praktische und psychische Seite von Zwillingsvornamen beleuchten.

Als erstes sollen die Vornamen natürlich, wie beim Einzelgeborenen auch, klanglich zum Nachnamen passen, dagegen ist auch nichts einzuwenden. Nun neigen jedoch werdende Zwillingseltern häufig dazu, die beiden Vornamen zusätzlich untereinander besonders „harmonisch" zu gestalten. Der übelste Auswuchs, der mir bislang unterkam, war „Sören und Sönker". Aber auch „Helmut und Gertrud" stellt eine sehr „gelungene" Kombination dar. Solche gleichklingenden Namen sind zwar auf den ersten Blick ganz niedlich, bergen aber zwei Gefahren in sich. Zum einen haben die Kinder anfänglich Probleme, ihren Namen von dem des Zwillingsgeschwisters zu unterscheiden, und folglich auch, darauf zu reagieren. Das noch ungeschulte Ohr vermag kaum zwischen den Namen zu differenzieren; die Eltern könnten auch einfach einen Namen für beide Kinder verwenden, der Effekt wäre wohl in den ersten Monaten derselbe.

Zum anderen leiden Zwillinge im Laufe der Kindheit ohnehin schon unter den Schwierigkeiten, ihre eigene Persönlichkeit ständig gegenüber dem Zwillingsgeschwister abgrenzen zu müssen. Durch ähnliche Vornamen wird ihnen dieser Prozess noch zusätzlich erschwert.

Sie sollten es sich deshalb gut überlegen, ob Sie aus Ihren Zwillingen wirklich ein „doppeltes Lottchen" machen wollen, oder ob Sie Ihren Kindern die Chance zugestehen, wenigstens anhand ihres eigenen Vornamens erste Abgrenzungen zum allgegenwärtigen Zwilling vornehmen zu können.

Die Zwillingsausstattung

Ich kann mich noch gut daran erinnern, was sich bei uns abspielte, als mein Mann und ich in der 12. Schwangerschaftswoche von unseren Zwillingen erfuhren. Der Traum vom niedlichen Baby, das sanft in seiner mit Rüschen verzierten Holzwiege (natürlich mit Himmelchen darüber) schlummert, zerfloss.
Für ein Baby solchen Schnickschnack anzuschaffen, ja, das konnten wir uns vorstellen. Aber angesichts des doppelten Segens kehrten wir rasch auf den Boden der Tatsachen zurück, spitzten den Bleistift und rechneten. Bald stellte sich heraus, dass, wenn man erst mal von den schicken neuen Babysachen – die ja weniger dem Kind dienen als unserem eigenen Mutter- oder Vaterstolz – Abstand genommen hat, die Ausstattung für Zwillinge mit etwas Glück sogar weniger kosten kann als für das so „reich

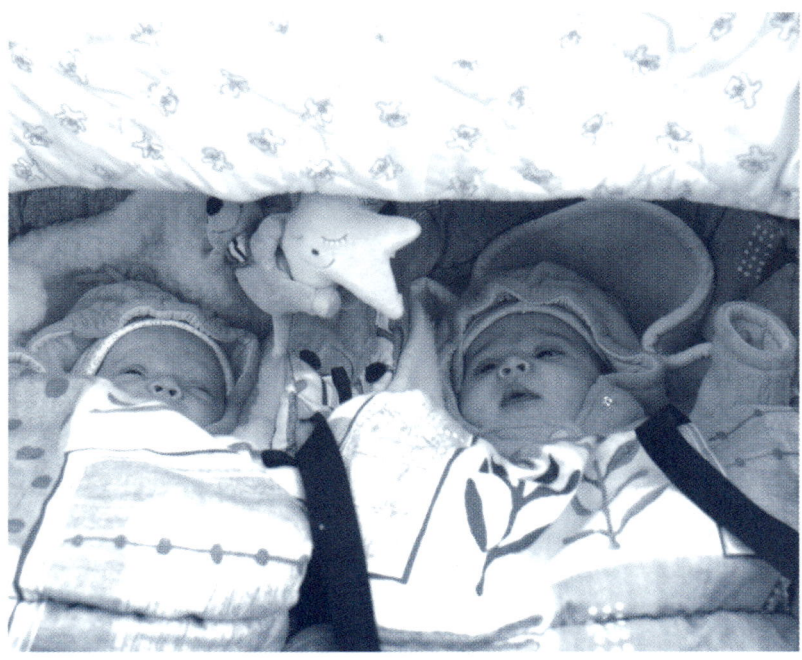

verzierte" Einzelkind. Und dabei müssen die Kinder wirklich nicht auf Stroh schlafen...

Das Zauberwort heißt „second hand" (aus zweiter Hand). Sie profitieren dabei von der Tatsache, dass Babysachen von einer Kindergeneration meist gar nicht aufgetragen werden können, weil die kleinen Erdenbürger zu schnell wachsen. „Second hand"-Geschäfte gibt es in vielen Orten und Internetdienste wie „ebay" leisten ebenfalls gute Dienste.

Natürlich gibt es noch immer Leute, die sich an den Gedanken, „second hand" zu erwerben, nicht gewöhnen können. Vor allem frischgebackene Großeltern finden die Vorstellung schrecklich, ihr Enkel stecke in bereits getragenen Sachen. So kaufen sie, wenn auch stöhnend, hübsche neue Strampler usw. und sorgen auf diese Weise wiederum dafür, dass sich die Regale der „second-hand"-Geschäfte mit guten Artikeln füllen. Auch Familienhäuser, Kindergärten und ähnliche Einrichtungen veranstalten immer wieder Flohmärkte, auf denen Mütter gebrauchte Sachen anbieten.

Vor Hygieneproblemen mit gebraucht gekauften Artikeln brauchen Sie keine Angst zu haben. Wäsche (die ja für Babys immer aus Baumwolle sein soll) kochen Sie bei 95° C in der Waschmaschine. Dies wird ohnehin für neu gekaufte Babywäsche empfohlen. Bettchen, Wickeltisch, Kinderwagen und ähnliches waschen Sie einfach mit heißem Seifenwasser ab, dem Sie etwas Desinfektionslösung beigefügt haben, und lassen die Teile anschließend an der Luft trocknen.

Noch preiswerter als gebraucht gekaufte Dinge sind natürlich geliehene. Vielleicht haben Sie Verwandte oder gute Freunde, die bereits ein Kind haben und dessen Babysachen noch für einen zweiten Nachkömmling aufheben. Sehr gut ausleihen, ohne Angst haben zu müssen, dass die Gegenstände beim Gebrauch Schaden nehmen, kann man Babywaage, Badewanne, Wickeltisch, Flaschenwärmer, Sterilisationsgerät und Wippen.

Bei Käufen, egal ob nun aus zweiter Hand oder bei Neuanschaffungen, sollten Sie sich vorher stets preislich orientieren; gehen Sie lieber in ein Geschäft mehr als zu wenig. Warenhäuser sind Kinderfachgeschäften und Boutiquen vorzuziehen, sie kalkulieren in der Regel niedriger. Allerdings kommen Sie beim Kauf spezieller Zwillingsartikel wie Kinderwagen, Sportkarre oder Buggy selten um Fachgeschäfte herum, wenngleich die Beratung auch in diesen Geschäften häufig zu wünschen übrig lässt.

Dort stehen dann etwa 20 „normale" Kinderwagen in allen erdenklichen Ausführungen, doch nur, und da müssen Sie noch Glück haben, ein oder zwei Modelle für Zwillinge. Oftmals existieren lediglich Prospekte über Zwillingsartikel, die erst nach längerem Suchen aus irgendeiner Schublade gefischt werden – meist ohne die dazugehörige Preisliste. Wer jetzt noch nicht resigniert und Einzelheiten erfragt, erntet mitunter nur ein mitleidiges Schulterzucken. Selber schuld, wenn Sie Zwillinge haben, das ist Ihr Problem!

Beratungen in Geschäften sind also nicht immer eine Hilfe. Suchen Sie auch deshalb den Kontakt zu anderen Zwillingseltern, der Erfahrungsaustausch kann Sie vor manchem Fehlkauf bewahren.

Ein besonders erfolgversprechender Ausweg aus dem Dilemma ist aber „Petzy's Zwillingsshop". Dieser von einer erfahrenen Zwillingsmutter geleitete Versandhandel vertreibt bundesweit viele am Markt angebotene Zwillingsartikel. Näheres dazu im Anhang.

Die beste Zeit für das Besorgen der diversen Babyartikel ist das zweite Schwangerschaftsdrittel. Die Übelkeit der ersten Monate ist abgeklungen, der Kreislauf wieder belastbarer, der dicke Bauch aber noch nicht so im Weg. Je später Sie die notwendigen Einkäufe erledigen, desto beschwerlicher wird es für Sie. Der Zeitdruck wird immer größer, die Ruhe beim Aussuchen fehlt. Letztlich wissen Sie ja auch nicht, ob Ihnen nicht noch einige

Wochen Ruhigstellung im (Krankenhaus-)Bett bevorstehen, Ihr Partner müsste dann eventuell alleine losziehen.

Es gibt natürlich auch Paare, die bewusst – zum Beispiel aus Aberglauben – vor der Geburt der Kinder keine Babyartikel anschaffen, aus Angst, dadurch ein Unglück heraufzubeschwören. Aber selbst wenn Sie diese Ansicht teilen sollten oder einfach wirtschaftlich denken und sich sorgen, nach einer Fehlgeburt alles umsonst gekauft zu haben, gibt es für Sie eine praktikable, frühzeitige Lösung. In vielen Geschäften (auch in manchen second-hand-Läden) können Sie Bettchen, Kinderwagen und manches mehr auf Abruf bestellen. Sie suchen sich die Sachen aus und nennen den voraussichtlichen Geburtstermin Ihrer Zwillinge. Ist der Nachwuchs dann angekommen, rufen Sie einfach im Geschäft an, und die Artikel werden geliefert.

Trotz allem ist diese letzte Variante für den jungen Vater in der Regel doch recht anstrengend. Beruf, Besuche bei Frau und Kindern, Hausmann und dann auch noch „Möbelpacker", das alles zeitlich zu organisieren erfordert viel Nerven, die gerade ein frisch gebackener Vater oftmals nicht zu bieten hat.

Die – nicht immer doppelte – Erstlingsausstattung

Bevor ich Ihnen in den folgenden Kapiteln Ratschläge für den Einkauf der Erstlingsausstattung Ihrer Zwillinge gebe, möchte ich noch kurz einiges erläutern.

Die Ratschläge sind „Zusammenfassungen" aus Anregungen und Erfahrungen vieler Zwillingseltern. Je nach den vorhandenen räumlichen Gegebenheiten, den finanziellen Möglichkeiten und der persönlichen Gestaltung des Alltags mit ihren Zwillingen beurteilten die Elternpaare einzelne Teile der Zwillingsausstattung als unbedingt nötig oder unnötig, brauchbar oder unbrauchbar, doppelt notwendig oder nicht.

Als kleines Beispiel möchte ich hier den Zwillingssportwagen mit gegenüberliegenden Sitzen (im Gegensatz zum Sportwagen mit nebeneinander angebrachten Sitzen) anführen.

Ein Zwillingselternpaar, dessen Kinder von der körperlichen Entwicklung her hauptsächlich über die kühle Jahreszeit auf den Sportwagen angewiesen waren, beklagten sich sehr über das Modell mit gegenüberliegenden Sitzen. Man könne die Kinder darin nicht in wärmende Fußsäcke setzen, vor allem die molligen Winterfußsäcke seien zu dick, bzw. der Abstand zwischen den Sitzen sei zu eng. Man könne also an Wintertagen kaum aus dem Haus, da die Zwillinge nicht genug verpackt werden könnten. Doch seien ihnen, den Eltern, gerade Spaziergänge besonders wichtig.

Mein Argument, mit dem schmalen Wagen käme man aber doch sicherlich besser auf Bürgersteigen und in den Geschäften zurecht (diese Vorteile hatte ich erst kurze Zeit vorher von einer anderen Zwillingsmutter gehört), wurden sofort entkräftet. Man ginge ohnehin nur im nahegelegenen Park spazieren und die Einkäufe würden stets ohne die Zwillinge erledigt.

Der Zwillingssportwagen mit gegenüberliegenden Sitzen war also für dieses Elternpaar ungeeignet, da er die an ihn gestellten Ansprüche nicht erfüllen konnte. Andere Zwillingseltern kommen mit diesem Sportwagentyp dagegen sehr gut zurecht.

Es ist für mich aufgrund dieser kontroversen Ansichten nun sehr schwer, zu schreiben, dies oder jenes sei uneingeschränkt gut oder schlecht, nötig oder unnötig. Ich will jedoch versuchen, die Vor- und Nachteile der einzelnen Artikel möglichst objektiv aufzuzählen. An Ihnen liegt es, Ihre persönlichen Ansprüche zu erkennen und unter deren Berücksichtigung (und unter der des Geldbeutels) die Kaufentscheidung zu treffen.

Die Garderobe Ihrer Zwillinge

Bei diesem Thema geht es natürlich weniger um das „Was" – Zwillinge werden schließlich genauso angezogen, wie Einzelgeborene – sondern vielmehr um das „wieviel".

Ich ging bei den Bedarfsangaben für die benötigte Zwillingsbekleidung davon aus, dass Sie die Waschmaschine in den ersten Wochen nach der Entbindung häufiger als eine Einlingsmutter in Bewegung setzen müssen. Es fällt ja mehr Schmutzwäsche an, insbesondere, wenn Sie nicht mit Höschenwindeln, also den sogenannten „Pampers", wickeln sollten. Der Bedarf an Kleidung ist daher bei Zwillingen nicht exakt doppelt so hoch wie bei Ein-

Sie brauchen unter normalen Umständen für

- 6 Bodys, Größe 56, das sind Einteiler zum Hineinschlüpfen und mit Druckknopfleiste im Schritt.
- Normalerweise werden Neugeborene sofort in Größe 62 gesteckt, auch wenn diese Sachen anfangs noch sehr lässig sitzen. Ihre Zwillinge dürften jedoch nach der Geburt kaum das durchschnittliche Geburtsgewicht eines einzelgeborenen Kindes auf die Waage bringen. Es ist daher ratsam, für diese sehr zarten Säuglinge zunächst die kleinste Konfektionsgröße (Frühchenwäsche in Größe 50) zu wählen. Legen Sie sich aber nicht mehr Wäsche dieser Größe hin als unbedingt nötig, auch untergewichtige Zwillinge entwickeln sich rasch und brauchen sehr bald
- 6 Bodys, Größe 62. Diese Hemdchengröße ist per „second hand", im Gegensatz zu Größe 56, sehr gut zu erhalten. In der Regel liegen die Preise etwa 2/3 unter dem Neupreis. (Achten Sie übrigens bei allen Textilien darauf, dass Größe 62 wirklich größer ausfällt als Größe 56. Da die Sachen ja

schon oft gewaschen wurden, sind sie mehr oder weniger eingelaufen. Zwischen den einzelnen Herstellerfirmen bestehen in dieser Hinsicht beachtliche Unterschiede.)
- 6 Sweatshirts, Größe 56, hinten oder seitlich zu knöpfen,
- 6 Sweatshirts, Größe 62, hinten, vorne oder am Hals zu knöpfen,
- 6 Strampler, Größe 56.
- 6 Strampler, Größe 62. Hier sollten Sie bezüglich des Einlaufens nicht nur auf die Länge, sondern vor allem auf die Breite achten. Zu eng sitzende Strampler können zu Hüft- oder Kniegelenkschäden führen.
- 4 Paar kleine Babyschuhe aus Lammfell oder Vlies, da gerade sehr kleine Säuglinge oft zu kalten Füßen neigen. Gekaufte Schuhchen sind allerdings unverhältnismäßig teuer, „engagieren" Sie lieber eine Oma oder Tante zur Anfertigung dieser Winzlinge aus Wolle!
- 4 Ausfahrgarnituren. Größe 62/68, bestehend aus Jacke und Mütze, falls Ihre Zwillinge im Winter geboren werden.

zelgeborenen, verschmutzte Wäsche ist schneller wieder gebrauchsfertig. Sie dürfen die Kindersachen übrigens unbedenklich mit der sonstigen Wäsche des Haushaltes waschen. Das separate Kochen der Wäsche ist nur im Krankheitsfalle nötig.

Weiter setzte ich voraus, dass Sie nicht gleich wegen jedes kleinen Fleckchens den Strampler wechseln. Sie landen mit dem Anspruch, Ihre Zwillinge sollen immer wie „aus dem Ei gepellt" aussehen, möglicherweise in der Nervenheilanstalt. Zwillingseltern entwickeln meist recht rasch eine gewisse Nonchalance in Bezug auf die adrette Kleidung ihrer Sprösslinge. Einlingsmütter mögen beim Blick in einen Zwillingskinderwagen inklusive be-

beide Zwillinge zusammen:

Bei Sommerbabys kommen Sie schon mit zwei Garnituren zurecht. Sie brauchen dann aber noch

- 2 leichte Mützchen aus Baumwolle oder Batist, um den Kopf der Säuglinge gegen Wind und Sonne schützen zu können.
- 2 Paar Handschuhe sind nur für Winterbabys notwendig.
- 4 Schlafsäcke für die Nacht (zwei wattierte Ausführungen für den Winter und zwei ungefütterte für den Sommer). Die Zwillinge sind so stets gut zugedeckt und können doch strampeln. Schön ist für die Kinder auch, dass sie im Schlafsack ohne Strampler liegen können und so die Haut ihrer Beinchen spüren! Im guten Fachhandel gibt es eigens sehr kleine Schlafsäcke für Neugeborene, die so genannten „Puck-Säckchen". Viele Ärzte empfehlen diese für Neugeborene besonders und raten, statt dessen lieber auf ein Deckbett zu verzichten, um dem „plötzlichen Kindstod" vorzubeugen. Über seine Ur-

sachen ist man sich immer noch nicht im Klaren, man nimmt aber an, dass er zum Teil durch eine Überhitzung des kleinen Körpers ausgelöst wird. Andererseits kühlen gerade Frühgeborene und sehr kleine Neugeborene wegen ihrer noch nicht funktionierenden Temperaturregulation ohne Deckbett oft zu stark aus! Prüfen Sie also bitte immer wieder nach, wie kalt oder warm sich Ihre Zwillinge anfühlen!

Bitte kaufen Sie Schlafsäcke auch nie zu groß (nach dem Motto: die Kinder wachsen da schon rein). Zu große Schlafsäcke sind für die Neugeborenen wirklich gefährlich, da der Halsausschnitt zu weit ist, die Kinder könnten in den Sack rutschen und ersticken.

- 6 Schlafanzüge, jedoch erst ab Größe 68/74. In den ersten drei bis vier Monaten werden die Kinder ohnehin mehrmals täglich umgezogen, da sie entweder gespuckt oder „unten getropft" haben. Für nachts extra einen Schlafanzug anzuziehen, ist daher anfangs wirklich nicht notwendig.

kleckerter Insassen erschaudern – für Zwillingseltern sind leicht schmuddelige Säuglinge jedoch eine Art Selbstschutz, um die ersten, schwierigen Monate nervlich einigermaßen unbeschadet zu überstehen.

An Kleidung können Sie vor allem sparen, wenn Sie darauf verzichten, Ihre Zwillinge gleich zu kleiden. Wenn ein Kind gespuckt hat, müssen Sie so nicht zwangsläufig das andere Kind auch umziehen, damit die Optik wieder stimmt. Besonders bei ungleich großen Zwillingsgeschwistern sparen Sie durch das Loslösen von der Vorstellung, beide Kinder sollten „uniform" angezogen sein, eine ganze Menge. Der schwächere Zwilling kann dann einfach in die abgelegten Sachen des „großen" Zwillingsgeschwisters schlüpfen. Eine mir flüchtig bekannte Zwillingsmutter hielt dieses Verfahren knapp drei Jahre durch, bis ihre beiden eineiigen Mädchen dann von sich aus einheitlich gekleidet sein wollten. Sie trugen übrigens auch mit drei Jahren noch nicht dieselbe Konfektionsgröße.

Soll man Zwillinge gleich kleiden?

Über diese Frage ist schon viel diskutiert worden. Psychologen raten, jedes Kind anders anzuziehen, um den Zwillingen ihre Selbstfindung zu erleichtern.

Bei einem Jungen und einem Mädchen ist dieser Rat leichter zu befolgen als bei gleichgeschlechtlichen Zwillingen. Man wählt eben rosa und blau, die beiden Standardfarben. Nennt man dagegen zwei Jungen oder zwei Mädchen sein eigen, so wird die Sache mit den Farben schon schwieriger. Aber natürlich kann man ein Kind rot kleiden, das andere gelb.

Die Wahl verschiedener Farben und Modelle birgt jedoch ein Problem in sich, das (zwillingslose) Psychologen kaum bedenken, welches aber letztlich meist zum Scheitern aller guten Vorsätze führt: es ist ja um so vieles leichter, einfach alles doppelt zu kaufen!! Oder glauben Sie, dass Sie sich, wenn Sie endlich eine Kinderhose gefunden haben, die zugleich hübsch, praktisch und preiswert ist, noch einmal auf die Suche begeben, um irgendwann ein anderes Modell mit den eben aufgezählten Eigenschaften zu ergattern?

Hier geht die Theorie weit an der Praxis vorbei. Natürlich kauft man die zuerst gefundene Kinderhose einfach doppelt. Zuhause warten schließlich Mann und Zwillinge, es sind noch andere Dinge zu erledigen, die Zeit drängt – gerade bei jungen Zwillingsmüttern.

Ich persönlich hörte daher schon bald nicht mehr hin, wenn mich beim Spazierengehen Passanten ansprachen und mit pseudopsychologischem Fingerzeig auf die „Gefahren" gleicher Kleidung aufmerksam machten. Denn Passanten waren es auch, die in den ersten Monaten nach der Geburt unserer Zwillinge immer wieder in den Kinderwagen blickten und sich enttäuscht zeigten, dass unsere Kinder eben nicht gleich gekleidet waren, weil wir die ersten Strampler sämtlichst per „second hand" und, da wir nicht wussten, was kommen würde, in allen möglichen

Farben gekauft hatten. Bei „second hand" ist es ohnehin sehr schwierig, gleiche Kleidungsstücke kaufen zu können. So trugen unsere Jungen auch rosa, was sie selbstverständlich sofort zu Mädchen werden ließ.

Ich kann Ihnen zur eingangs gestellten Frage eigentlich nur eines raten: machen Sie in der ersten Zeit, was Sie wollen und was für Sie am praktischsten ist. Lassen Sie sich nicht von anderen Leuten beeinflussen. Omas, Tanten und Freundinnen werden mit Ihren Geschenken schon früh genug dafür sorgen, dass das eine oder andere Stück doppelt vorhanden ist und die Zwillinge auch für andere wie Zwillinge aussehen.

Später entscheiden Ihre Kinder dann sicherlich selbst, ob sie „Zwillinge" sein wollen oder nicht. Doch bis dahin ist ja noch ein Weilchen Zeit.

Rund um die erste Schlafstatt für Zwillinge

Auch wenn Eltern nur ein Kind erwarten, wird das Neugeborene zum Schlafen heute meist von Anfang an in ein normales Gitterbettchen gelegt. Familien, in denen die Babys noch sanft in einer Wiege oder einem Körbchen ihre ersten Lebenswochen verbringen dürfen, sind selten geworden. Schuld daran sind die recht hohen Preise, die für die zugegebenermaßen recht hübschen, kleinen Bettstätten verlangt werden. Zu schnell sind die Kinder diesem „Luxusartikel" entwachsen, dann ist ohnehin ein Gitterbett nötig. Eine preiswerte Möglichkeit, Ihren Zwillingen trotz eines Verzichts auf schmucke Wiegen ein komfortables, gemütliches Nest zu bieten, sind

- 2 Soft-Tragetaschen mit Verdeck. Es gibt sie mit den verschiedensten Stoffen bezogen und das Verdeck ersetzt das Himmelchen der Wiege sehr schön. Als Zudecke reichen
- 2 Wolldecken (80 x 80 cm).

Unsere eigenen Zwillinge schliefen die ersten sechs Monate nach der Geburt nachts nur in diesen Tragetaschen. Wir hatten zwar

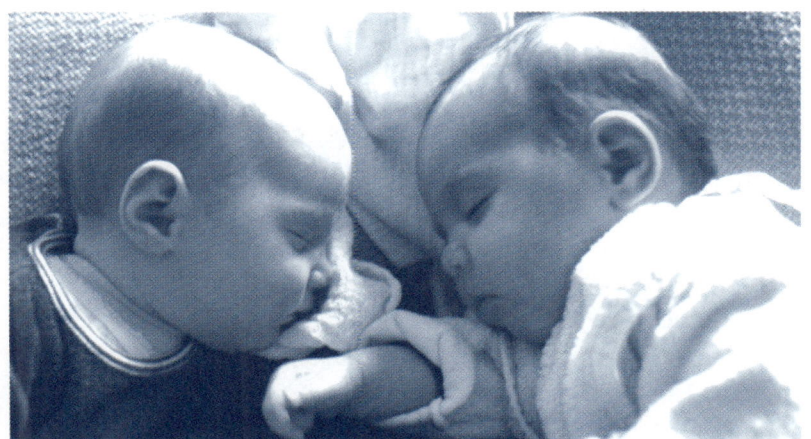

auch ein Gitterbettchen, das im elterlichen Schlafzimmer aufge-
baut war, aber mein Mann konnte nicht ruhig schlafen, wenn
die Kinder in ihrem Bett lagen und im Traum die unglaublichsten
Geräusche von sich gaben. So schliefen (und spielten) unsere
Zwillinge zwar tagsüber in ihrem Bett, nachts jedoch zogen sie
mit ihren Tragetaschen ins Wohnzimmer um, und wir hatten unsere – dringend benötigte – Ruhe. Die Tragetaschen stellte ich
vorsichtshalber noch auf eine Wolldecke, damit unsere Kinder
nicht von unten auskühlen konnten. Tragetaschen eignen sich in
den ersten Monaten auch ideal als Reisebetten, nur als eines sind
sie unbrauchbar: als Aufbewahrungsort für Kinder während Autofahrten (doch dazu mehr an anderer Stelle).
Auch wenn Sie nicht wie wir mit Platzproblemen in der Wohnung kämpfen müssen, genügt in den ersten Monaten für beide
Zwillinge durchaus
• 1 Kinderbett, 70 x 140 Zentimeter groß. Die Kinder werden
  entweder beide an das Kopfende oder je eines an das Kopf- beziehungsweise an das Fußende gelegt. Bitte achten Sie beim
  Kauf des Bettes auf das „GS"-Zeichen (geprüfte Sicherheit); es
  garantiert, dass das Bett die erforderlichen Sicherheitsansprü-
  che erfüllt.

Wie andere Zwillingseltern stellten auch mein Mann und ich sehr bald fest, dass es neugeborenen Zwillingen anscheinend gut gefällt, ein Bett teilen zu müssen.

Wir legten unsere Zwillinge, die ja tagsüber ihr Gitterbettchen gemeinsam nutzten, anfangs beide an das Kopfende. Es war immer wieder zu beobachten, wie sich die Kleinen im Schlaf eng aneinander kuschelten, die vertraute Nähe des anderen regelrecht suchten. Selbst wenn wir jeden Zwilling ganz an den Rand des Bettchens gelegt hatten, spätestens nach einer halben Stunde lagen sie wieder zusammen. Ich verglich unsere Kinder dann stets mit kleinen Welpen oder Ferkelchen, die ja auch, Wärme suchend, im Haufen liegen und es erst mit zunehmendem Alter bevorzugen, alleine zu liegen.

So war es schließlich auch mit unseren Zwillingen. Als ihre Bewegungen im Schlaf immer ausladender wurden, betteten wir ein Kind an das Fuß-, das andere an das Kopfende. Erst erwarteten wir, dass sie von selbst zueinander kriechen würden, doch der Fußkontakt reichte jetzt anscheinend aus, unsere Zwillinge blieben brav liegen, genossen es aber offensichtlich, nicht alleine im Bett sein zu müssen.

Mit acht Monaten wurde dann auch der Fußkontakt zu „intensiv", wir bezogen eine neue Wohnung und jedes Kind ein eigenes Bett. Im Bett knüpften unsere Kinder auch ihre ersten bewussten Kontakte. Ab dem vierten Monat hielten die Zwillinge immer wieder in ihrem Spiel inne (uns diente das Bett auch als Laufstall), betrachteten sich gegenseitig sehr interessiert und fingen schließlich zu lachen an. Wenn man dies als Eltern beobachten darf, vergisst man für Augenblicke all die Mühsal, die Zwillinge verursachen. Eine Zwillingsmutter äußerte mir gegenüber einmal, die Kontaktaufnahme ihrer Kinder sei für sie spannender als jeder „Hitchcock" gewesen – man könne wirklich stundenlang fasziniert zusehen und darüber jede Hausarbeit vergessen.

Ein normales Gitterbett von Anfang an zu benutzen, hilft auch, Investitionen zu sparen oder zumindest hinauszuschieben. So benötigen Sie keine zwei Oberbetten der Größe 80 x 80 cm (und deren Bezüge), sondern können sofort

- 1 Kinder-Oberbett (100 x 135 cm) kaufen – allerdings raten manche Zwillingseltern davon wiederum ab, da bei einem zu großen Deckbett die Erstickungsgefahr erhöht ist!
- 2 Bettbezüge gleichen Musters (Sie brauchen den zweiten Bezug ohnehin zum Wechseln), falls Sie den Anspruch stellen, im Kinderzimmer solle später, nach der Anschaffung des zweiten Oberbettes, alles einheitlich aussehen. Es ist sehr schwierig, nach sechs Monaten den gleichen Bezug noch einmal zu bekommen. Auch beim Kauf des Bettes sollten Sie dies bedenken und ein Modell wählen, das längere Zeit im Angebot ist. Sind einmal beide Kinderbetten aufgestellt, benötigen Sie natürlich vier Bezüge.

Ferner brauchen Sie

- 2 Spannbettlaken (70 x 140 cm), später, bei zwei Betten, dann wiederum vier. Es kann allerdings sein, dass Sie, falls Ihre Zwillinge sehr „undicht" sein sollten, mit zwei Laken nicht auskommen und bereits zu Anfang die doppelte Anzahl besorgt werden muss.
- 1 wasserundurchlässige Betteinlage, am besten aus waschbarem Moltonschichtgewebe. Nehmen Sie für das erste, gemeinsame Bett ein 1,60 m langes Stück, das die ganze Matratze abdeckt. So ist diese, egal wie die Zwillinge gelegt werden, immer geschützt. Wird dann das zweite Bett nötig, schneiden Sie die Einlage in der Mitte durch und legen in jedem Bett einen Teil auf die Stelle, wo die Kinder normalerweise mit ihren Popos zu ruhen pflegen.

Kaufen Sie auch gleich Einlagen für den Kinderwagen und die Tragetaschen.

- 20 Mullwindeln. Das mag Ihnen sehr viel erscheinen, aber Mullwindeln erfüllen viele Funktionen. Eine zum Streifen gefaltete Mullwindel als „Kopfkissen" im Kinderbett, Kinderwagen und in den Tragetaschen ist sehr schnell gewechselt, wenn die Babys gespuckt haben (und das tun sie in den ersten Monaten meist reichlich). Sie müssen dann nicht jedes Mal gleich das Laken austauschen.

Mullwindeln leisten auch als Lätzchen oder Stilltücher gute Dienste. Hervorragend eignen sie sich jedoch zum Abtrocknen der noch empfindlichen Babyhaut nach dem Waschen. Kein noch so weiches normales Handtuch kann sanfter als eine Mullwindel sein, mit der man auch in die kleinsten Fältchen kommt. Zudem beansprucht die dünne Windel in der Waschmaschine viel weniger Platz als ein großes Handtuch, gerade bei Zwillingen ist dieser Vorteil nicht zu verachten.

So, nun ist die erste Schlafstatt Ihrer Zwillinge komplett, es fehlen „nur noch" die Kinder. Vielleicht kommt Ihnen das bereits aufgestellte Bett noch etwas überdimensioniert und ungemütlich vor.

Der Handel bietet für diesen Fall auch für die normalen Gitterbettchen Himmelchen und Bettseitenpolster (sogenannte Nestchen) an, die dem Neugeborenen das noch viel zu große Bett anheimelnd gestalten sollen. Sicher sind diese Dinge sehr hübsch anzusehen. Auch ich (mein Mann weniger) habe mich nur schwer von der Vorstellung lösen können, unsere Kinder in ein Himmelbettchen zu legen. Bettseitenpolster wurden jedoch gekauft, aber selbst diese Investition stellte sich schon bald als recht überflüssig heraus. Schon sechs Wochen nach der Geburt wollten unsere Zwillinge sehen, was um sie herum geschieht, die „Nestchen" wurden entfernt, um die Kinder an ihrer Umwelt teilhaben zu lassen.

Gerade bei diesen nicht unbedingt notwendigen, aber hübschen, die Kauflust ansprechenden Artikeln lässt sich mit etwas

Selbstdisziplin eine Menge Geld sparen – bei Ihnen als Zwillingseltern gleich doppelt.

Was zum Füttern von Zwillingen alles vonnöten ist

Zunächst einmal ist natürlich Gelassenheit gefragt, wenn beide
Zwillinge zugleich lautstark Ihre Mahlzeit fordern. Doch auf dieses Thema gehe ich, ebenso wie auf die Vor- und Nachteile des
Stillens und der verschiedenen Fütterungsmethoden, noch in
einem späteren Kapitel ein.

Zuvor soll sich hier alles um das benötigte „Handwerkszeug" des
Fütterns drehen. Wenn dies in ausreichender Menge und guter
Qualität vorhanden ist, haben Sie bereits einen wichtigen Schritt
getan, um die Fütterung der „Raubtiere" relativ unproblematisch gestalten zu können.

Bei den zur Fütterung von Zwillingen notwendigen Gegenständen sind leider kaum Einsparungen möglich, Sie brauchen eigentlich alles doppelt, außer natürlich die Brust.

Aber selbst wenn Sie stillen wollen und können, benötigen Sie
mindestens

• 4 Flaschen. Diese sind dazu gedacht, abgepumpte Muttermilch füttern zu können. Auch voll gestillte Zwillinge sollten in
  regelmäßigen Abständen Muttermilch aus der Flasche trinken,
  um sich an diese Fütterungsmethode zu gewöhnen.

Wie schnell kann es unter Umständen der Fall sein, dass Sie krank
werden, einen Unfall haben oder anderweitig verhindert sind.

Wenn die Zwillinge dann zu Hause brüllen, weil Papa nun mal
keine Brust, sondern nur Flaschen hat, und sich weigern, die ungewohnte Art der Fütterung zu akzeptieren, ist das nicht gerade
ein zu verharmlosendes Problem.

An die Flasche gewöhnte Kinder ermöglichen es Ihnen als stillende Mutter auch, im Alltag ab und an zu den Mahlzeiten nicht an-
wesend sein zu müssen. Bei der doppelten Belastung durch Zwillinge sind diese Erholungspausen ein nahezu unumgängliches

Muss. Der Vater oder eine andere Person kann die Fütterung jederzeit (auch nachts!) übernehmen. Abgepumpte Muttermilch ist im Kühlschrank 24 Stunden haltbar und lässt sich gut in Plastikflaschen einfrieren.

- 1 elektrische Milchpumpe erhalten Sie auf Rezept in Sanitätsfachgeschäften. Das Rezept stellt der Frauenarzt bei der Entlassung aus der Geburtsklinik aus.

Wenn Sie nicht stillen, benötigen Sie erfahrungsgemäß

- 6 bis 8 Flaschen, wenn Sie mit einem Desinfektionsgerät oder in der Mikrowelle entkeimen wollen, und zwölf Flaschen und ebenso viele Sauger, sollten Sie als Sterilisationsmethode das altbewährte Abkochen wählen. Besorgen Sie sich vor der Entbindung erst einmal vier Flaschen. Klappt es mit dem Stillen nicht, sind die weiteren Flaschen rasch beschafft, es gibt sie in jedem Supermarkt.

Natürlich kommen Sie theoretisch auch mit zwei Flaschen und Saugern zurecht, die Sie nach jedem Füttern abwaschen und sterilisieren. Mein Mann und ich probierten es anfangs immerhin, mit sechs Flaschen über die Runden zu kommen, so dass wir zweimal täglich, morgens und abends, abkochen mussten. Aber Sie glauben ja gar nicht, wie schwer es fällt, abends, wenn die Kinder endlich im Bett liegen, sich noch zu dieser lästigen Tätigkeit aufzuraffen. Wir hatten sehr bald zwölf Flaschen auf unserem Küchenregal stehen. Wechseln Sie die Sauger alle sechs bis acht Wochen. Alte Sauger kleben gerne zusammen, die Babys können nicht mehr zügig trinken, das Leeren der Flasche dauert länger. Und eines haben Sie als Eltern kleiner Zwillinge wirklich nicht zu verschenken – Zeit.

Bezüglich der Saugerlochgröße muss ich (und mussten viele andere Zwillingseltern) etwas gestehen. In jedem Kurs und in jedem Buch der Säuglingspflege wird erklärt, die Lochgröße des Saugers sei so zu wählen, dass das Leeren der Flasche etwa 20 Minuten dauert.

Meist beansprucht es in der Praxis aber doch rund 30 Minuten, bis ein Säugling abgefüttert ist. Nun rechnen Sie mal. In der ersten Zeit füttern Sie jeden Zwilling sechsmal am Tag, das sind bei 30 Minuten insgesamt drei Stunden. Bei zwei Kindern beläuft sich die reine Fütterungszeit auf etwa sechs Stunden. Ohne Fläschchen anrühren und Bäuerchen machen lassen...

Die logische Konsequenz war bei uns und vielen anderen Zwillingseltern etwas, was man laut Vorschrift nie machen soll: wir brannten oder schnitten in die Sauger größere Löcher! Die Trinkzeit verringerte sich dadurch etwa auf die Hälfte.

Probieren Sie es jedoch erst einmal ohne diesen „Eingriff", es ist sicherlich besser für die Kinder. Aber haben Sie kein allzu schlechtes Gewissen, wenn Sie in Ihrer Verzweiflung, weil Sie schon seit eineinhalb Stunden hundemüde im Nachthemd sitzend versuchen, Ihren Kindern die Mahlzeit einzuflößen, zu dieser Brachialmethode greifen – Sie sind nicht die ersten Zwillingseltern, die aus „Notwehr" zu Kerze und Stopfnadel greifen.

- 12 Lätzchen, falls Sie keine Mullwindeln verwenden wollen. Es gibt sehr preiswerte und sehr teure Lätzchen. Ich habe die Erfahrung machen müssen, dass sich billige Lätzchen sehr rasch kaputt waschen.

  Für gute Lätzchen muss man zwar tief in die Tasche greifen, sie halten aber im Allgemeinen bis die Kinder sowieso ohne Schutz essen können, verlieren nicht an Form und bleiben ansehnlich. Letztlich dürfte es daher wohl sinnvoll sein, hauptsächlich teure Lätzchen zu kaufen oder sie sich schenken zu lassen.

- 1 Desinfektionsgerät zum Entkeimen der Flaschen. (Die Sterilisation dauert damit etwa 16 bis 18 Minuten.) Falls Sie eine Mikrowelle besitzen, genügt jedoch der wesentlich preiswertere Sterilisationseinsatz für die Mikrowelle (Dauer der Sterilisation etwa 8 Minuten). Oder Sie besorgen sich einen großen Kochtopf, wenn Sie nach traditioneller Methode abkochen wollen.

Es müssen alle zwölf Flaschen hineinpassen, nehmen Sie zum Kauf ruhig eine Babyflasche mit, um zu prüfen, ob der Durchmesser ausreicht. Große Kochtöpfe sind sehr teuer, vielleicht können Sie sich solch ein Gerät von irgendjemandem, z.B. älteren Verwandten ausleihen! Wenn nicht, ist die Ausgabe jedoch nicht umsonst. Denken Sie an die großen Kindergeburtstage, die Ihnen bald ins Haus stehen. Da ist ein großer Kochtopf für Wiener Würstchen oder ähnliches nie fehl am Platz.

- 1-2 Flaschenwärmer. Hier ist die Mengenangabe schwankend, da die benötigte Anzahl von Ihrer Fütterungsmethode abhängt. Füttern Sie die Zwillinge gleichzeitig, kommen Sie nicht ohne zwei Flaschenwärmer aus, da die Fläschchen ja auch gleichzeitig warm sein müssen. Füttern Sie die Zwillinge dagegen nacheinander, brauchen Sie nur einen Flaschenwärmer, die zweite Mahlzeit wird erwärmt, während der erste Zwilling bereits trinkt.

Wann welche Fütterungsmethode zu empfehlen ist, wird in einem späteren Kapitel beschrieben. Besorgen Sie sich am besten erst einmal einen Flaschenwärmer und probieren Sie, damit auszukommen. Ein zweiter Flaschenwärmer ist schnell gekauft und muss daher keineswegs von Anfang an bereitstehen.

Wir kamen bei unseren Zwillingen, die hintereinander gefüttert wurden, recht gut mit einem Flaschenwärmer zurecht. Wenn wirklich einmal beide Kinder gleichzeitig Ihre Mahlzeit forderten, halfen wir uns mit einem Topf heißen Wassers, in den wir die zweite Flasche stellten. Doch diese Methode ist, da sich die Temperatur recht schwer steuern lässt, nur in Ausnahmefällen zu empfehlen. Wenn Ihre Zwillinge auf Dauer Ihre Flaschen parallel trinken, werden Sie, wollen Sie Ihre Nerven schonen, nicht um den zweiten Flaschenwärmer herumkommen.

- 2 Babyliegen oder Wippen, wofür sich auch die Autosicherheitssitze verwenden lassen, obwohl sie für den Rücken nicht optimal sind. Der Vorteil „echter" Wippen: die Kinder liegen

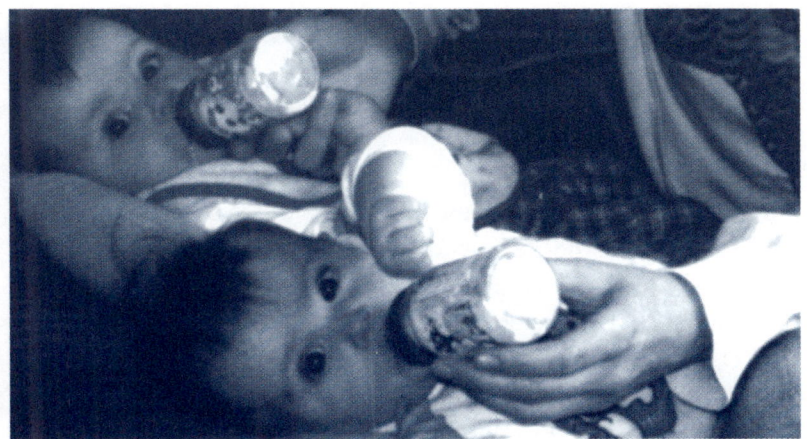

noch flacher darin als in den Stühlen und sie schwingen stärker. Achten Sie darauf, dass das Rückenteil verstärkt ist, gerade für die kleineren Säuglinge ist das wichtig.

Wenn Sie parallel füttern, liegt jeder Zwilling in seiner Wippe und bekommt die Flasche gereicht. Zur Not kann man bei dieser Fütterungsmethode auch jeden Zwilling in ein großes Kissen legen und die beiden Bündel dicht nebeneinander auf ein Sofa oder ähnliches setzen. Doch spätestens ab dem vierten Monat, wenn der erste Brei angeboten werden soll, erleiden Sie bei lebhaften Babys mit dieser Methode Schiffbruch, dann sind Wippen meist unumgänglich.

Werden die Kinder nacheinander gefüttert, so stellen Sie dasjenige, das warten muss, vor Ihren Stuhl in seiner Wippe auf den Boden, während Sie das andere Kind auf dem Schoß halten und füttern. Um das wartende Kind zu beruhigen, tippen Sie seine Wippe ab und zu an, das Schwingen macht kleinen Säuglingen großen Spaß. Auf diese Weise können Sie das erste Kind (einigermaßen) in Ruhe füttern.

Unsere Zwillinge lagen in den erstens sechs Monaten sehr viel in ihren Wippsitzen und wanderten darin mit uns von Raum zu Raum. So konnten Sie uns beim Frühstücken, Duschen, Saubermachen oder Kochen beobachten und waren meist recht zufrieden.

Auch wenn ein Kind gewickelt werden sollte, kam der andere Zwilling in seinem Sitz mit in das Bad, wo er interessiert zuguckte, wie sein Bruder trockengelegt wurde.

Wir sind uns einig, dass diese Schalen wohl die nützlichste Anschaffung der ersten Zeit waren.

Wippen sind als Fütterungsgelegenheit etwa 7 bis 8 Monate brauchbar. Auch der erste Brei wird also in diesen Stühlchen verabreicht. Stellen Sie dazu beide Liegen vor sich auf ein Sofa oder setzen Sie sich zu den Zwillingen im Schneidersitz auf den Boden. Dann decken Sie jeden Zwilling mit einer Mullwindel möglichst ganzflächig ab, so dass nur noch die „Futterluke" zu sehen ist, und los geht's.

Vergessen Sie Hygieneaspekte und nehmen Sie

• einen Breiteller und einen Löffel, füttern Sie abwechselnd ein Löffelchen rechts und ein Löffelchen links. Ihre Zwillinge nehmen ohnehin jedes Spielzeug in den Mund und üben einen regen Bakterienaustausch aus. Erst später, wenn die Kinder mit etwa einem Jahr anfangen, selber essen zu wollen, ist der zweite Teller notwendig, damit sich die Breischlachten in Grenzen halten und jedes Kind auch wirklich in Ruhe seine Portion essen kann.

Die Zwillinge sitzen zu diesem Zeitpunkt schon längst in ihren

• 2 Hochstühlen, die die Nachfolger der Babyliegen darstellen. Zur Ausführung der Hochstühle ist nicht viel zu sagen, letztlich müssen Sie entscheiden, welches Modell Ihnen zusagt. Achten Sie jedoch wieder auf das „GS"-Zeichen, damit die Stühle wirklich kippsicher konstruiert sind. Gerade bei zwei „Zappelphilipps" passiert es sehr schnell, dass Hochstühle in dieser Hinsicht auf die Probe gestellt werden, etwa wenn Sie einem Zwilling gerade den Mund abwischen und der zweite hinter Ihrem Rücken anfängt zu turnen.

Ich stimme mit allen von mir befragten Zwillingseltern überein, dass zwei Hochstühle unentbehrlich sind. In einer Zeitschrift las ich dagegen, dass ein Hochstuhl für Zwillinge völlig ausreichend sei, das zweite Kind könne auf dem Schoß der Mutter gefüttert werden. Nun, bei sehr braven und esswilligen Kindern mag dies, zumindest in der Anfangszeit des Breiessens, noch leidlich funktionieren. Aber in der Regel benötigt man als Zwillingsmutter *mindestens* zwei Hände, um die Esserei in geordneten Bahnen zu halten. Sie glauben gar nicht, wie erfinderisch Kinder im Umgang mit der Materie Brei werden können.

Kurz vor der Vollendung des ersten Lebensjahres sind Ihre Kinder dann soweit, Flüssigkeit nicht mehr nur aus Fläschchen, sondern auch aus Tassen zu sich nehmen zu können.

- 2 Trinklerntassen erleichtern das Trinken in dieser Entwicklungsphase sehr. Natürlich lernt jedes Kind auch aus einer normalen Tasse zu trinken, nur haben Sie bei Zwillingen hier wieder das Problem, sich dem einzelnen Kind nicht voll widmen und unterstützend eingreifen zu können.

Trinklerntassen hingegen geben Kleinkindern ein Stück erster Selbständigkeit. Sie sind gut an beiden Henkeln zu fassen und lassen sich gut hinstellen, der Deckel mit dem Trinkschnabel verhindert ein Verschütten des Inhaltes.

Ebenso kindgerecht geformt sind Esslernbestecke. Es ist daher auch zu empfehlen

- 2 Kinderbestecke anzuschaffen, eventuell als Geschenk zum ersten Geburtstag. Diese Bestecke sind leider nicht gerade preiswert, doch entlastet es Zwillingseltern ungemein, wenn die Kinder gelernt haben, selber zu essen und zu trinken.

Sparen Sie daher vielleicht lieber an anderen Dingen wie Spielzeug oder ähnlichem, jedoch nicht an Gegenständen, die Ihnen als Zwillingseltern das Leben leichter machen und den Kindern zugleich ein Stück Eigenständigkeit vermitteln.

Zwillinge wickeln, ohne sich nervlich und finanziell zu ruinieren

Wenn zwei Popos zu wickeln sind, benötigen Sie noch lange keinen extrabreiten Wickeltisch. Diese werden zwar angeboten, und ich habe auch immer wieder von Eltern gehört, die solch einen Zwillingswickeltisch ihr eigen nannten. Doch spricht einiges dagegen.

So können Sie ohnehin stets nur ein Kind versorgen, das andere läge in dieser Zeit relativ unbeaufsichtigt daneben und ist dem Risiko des Herunterfallens unnötig ausgesetzt. Es ist fraglich, ob Sie noch rechtzeitig eingreifen können, wenn sich ein Zwilling blitzschnell auf den „Abgrund" zu bewegt, während Sie dem anderen gerade die Beinchen hochhalten, um seinen Popo vom Stuhlgang zu befreien. Da ist es schon sicherer, das zweite Kind guckt der ganzen Angelegenheit aus seiner am Boden stehenden Wippe zu.

Nach Meinung vieler Zwillingseltern genügt daher durchaus

- 1 normaler Wickeltisch. Dies kann ein alter Tisch oder ein Schränkchen sein oder aber auch ein Wickelaufsatz für die Badewanne.

Ob Sie lieber im Kinderzimmer oder im Bad wickeln, ist Ihrer Entscheidung überlassen. Für das Badezimmer spricht, dass es sich meist rasch erwärmen lässt und immer fließendes Wasser zur Hand ist. Wenn die Zwillinge gebadet werden, entfällt der Spurt über den kalten Flur ins Kinderzimmer. Andererseits ist für die Zeit des Wickelns die Toilette blockiert.

Doch egal, welche Wickelgelegenheit bei Ihnen nun zum Einsatz kommt, sie sollte mindestens 90 Zentimeter hoch sein, wollen Sie als Zwillingseltern nicht bald unter Rückenschmerzen leiden. Immerhin stehen Sie in der ersten Zeit nach der Geburt etwa 12mal pro Tag am Wickeltisch.

Da der Wickelplatz so häufig gebraucht wird, sollten Sie auch von Provisorien Abstand nehmen, die Sie eigens zum Wickeln

immer erst aufbauen müssen. So konnte ich bei einer Einlingsmutter einmal fasziniert beobachten, wie Sie ihr Kleines auf dem
Küchentisch wickelte. Auf diesen hatte sie zuvor eine Auflage
und ein Handtuch gelegt, die Pflegeartikel wie Creme und ähnliches wurden eigens aus dem Wohnzimmerschrank geholt. Ich
fand dieses Verfahren schon mit einem Kind reichlich umständ-
lich, bei Zwillingen allerdings würde es zum langsamen Verhungern der erwachsenen Familienmitglieder führen. Erstens hätten
Sie vor lauter Auf- und Abbauen keine Zeit zum Kochen, und
zweitens hätten Sie keinen Platz zum Essen, der Küchentisch
wäre ständig belegt.

Wo der Wickelplatz steht, sollte er stehen bleiben können. Gestalten Sie alles so praktisch wie möglich, auch wenn es vielleicht
auf Kosten der Optik geht, arbeitsintensive Notlösungen gehen
auf Kosten der Nerven, und diese sind bei frischgebackenen Eltern ohnehin recht dünn.

Neben den Wickelplatz stellen Sie am zweckmäßigsten

• 2 Haushaltseimer mit Deckel. In den einen werfen Sie die
  schmutzige Babywäsche, in den anderen legen Sie Mülltüten
  ein und benutzen ihn für gebrauchte Windeln.

Wichtig ist auch, dass um den Wickelplatz herum genügend Regale und Ablageflächen in greifbarer Nähe vorhanden sind. Auf
diese stellen Sie dann alles, was Sie immer wieder brauchen:

• Toilettenpapier zum Reinigen der Popos, das Sie sehr gut an-
  stelle teurer Pflegetücher verwenden können.

• Wundcreme. Diese Creme dürfen Sie mit zunehmendem Alter
  der Zwillinge immer sparsamer verwenden, gesunde Haut benötigt eigentlich gar keine Salbe zum Schutz vor Nässe. Probieren Sie etwa ab dem 5. Monat, ohne Wundsalbe auszukommen.

• 1 Haarbürste.

• 1 Nagelschere mit abgerundeten Spitzen. Hier lohnt es sich,
  auf Qualität zu achten. Billige Ausführungen schneiden oft nur

mangelhaft – bei zappelnden Babys fällt es damit wirklich nicht leicht, 40 (!) Finger- bzw. Zehennägel zu kürzen.

- Saubere Wäsche zum Wechseln in ausreichender Menge.
- Einen ganzen Tagesvorrat Windeln.

Für welche Wickelmethode Sie sich entscheiden, hängt von Ihrem Komfortanspruch und von Ihren finanziellen Möglichkeiten ab. Am bequemsten geht es natürlich mit **Höschenwindeln**, den sogenannten „Pampers". Sie kennen diesen Windeltyp mit „speziellem Nässeschutz" und „wiederverschließbaren Klebebändern" hinreichend aus der Werbung. So praktisch diese Höschenwindeln jedoch sind, sie haben einen großen Nachteil – den hohen Preis.

Gerade bei Zwillingen macht es sich daher finanziell stark bemerkbar, eine etwas ältere Wickelmethode zu wählen. Praktisch und dennoch keine „Luxusartikel" sind nämlich **Zellstoffwindeln**. Sie werden auch Flocken-, Vlies- oder Schwedenwindeln genannt, sind allerdings im Handel nicht mehr ganz leicht zu erhalten. Es handelt sich hier ebenfalls um eine Einmalwindel. Die stegförmige, vliesumhüllte Binde legen Sie einfach in ein Windelhöschen mit eingearbeiteten Taschen ein (sie werden im Handel oft als „Schwedenhöschen" bezeichnet) oder kombinieren sie mit einer T-förmigen, weichen Wickelfolie, die heute, wenn überhaupt, fast nur noch in Apotheken erhältlich ist. Die Anwendung dieser Wickelmethode ist sehr einfach, eine genaue Anleitung befindet sich auf den Wickelfolienpackungen. Sollten Sie also im Handel fündig werden, ist die Ersparnis mit dieser Methode besonders in den ersten Monaten, wenn Babys noch 6mal täglich gewickelt werden müssen, gegenüber „Pampers" enorm. Über das ganze erste Lebensjahr ihrer Zwillinge gerechnet, sparen Sie, bei einem Verzicht auf Höschenwindeln und der Verwendung von Flockenwindeln schnell mehrere hundert Euro. Sie können die Wickelmethoden ja auch je nach den Erfordernissen kombinieren und tagsüber mit Flockenwindeln wickeln, aber für die Nacht, sobald die Kinder durchschlafen, „auslaufsichere" Höschenwindeln wählen.

Recht arbeitsintensiv ist für Zwillingseltern die traditionelle Wickelmethode mit **Mullwindeln**. Zwar ist diese Methode wirklich preiswert und auch für die Haut der Zwillinge zu befürworten, doch selbst wenn das Waschen heute von der Maschine übernommen wird, so bleibt doch das Einweichen, Aufhängen und Legen der Windeln. Es sei denn, sie wenden sich an einen Windeldienst, der Ihnen die mühselige Reinigung abnimmt. Die aktuelle Adresse in Ihrer Region erfahren Sie beim Verband der Windeldienste (Adresse im Anhang).

Entscheiden Sie sich für Mullwindeln, dankt es Ihnen aber die Umwelt. „Pampers" werden von den diversen Herstellern nicht umsonst lieber „Einmalwindeln" als „Wegwerfwindeln" genannt. So werden die Eltern nicht gleich auf den riesigen Müllberg gestoßen, den sie produzieren. „50 Stoffwindeln können die etwa 4600 Wegwerfwindeln ersetzen, die für ein Kind gebraucht werden", mahnt etwa die Umweltorganisation Greenpeace.

Falls Sie dieses Wickelverfahren also interessiert: Sie brauchen für beide Zwillinge zusammen rund 60 Mullwindeln und mindestens vier Windelhosen ab Größe 56 aus 100 Prozent Schurwolle.

Das doppelte Badevergnügen

Es bietet sich an, das Wiegen der Zwillinge vor das Baden zu legen. Das Zimmer ist schön warm, die Babys werden ohnehin völlig ausgezogen. Sie benötigen dazu

- 1 Babywaage oder einen speziellen Wiegeaufsatz für die Küchenwaage. Meist sind diese Dinge irgendwo im Verwandten- oder Bekanntenkreis vorhanden. Doch selbst wenn dies nicht der Fall sein sollte, brauchen Sie keine Waage zu kaufen. In vielen Apotheken und Sanitätsfachgeschäften kann man sie gegen Zahlung einer geringen Gebühr ausleihen.

Das Baden selbst sollte unbedingt im Badezimmer stattfinden. So entfällt die Schlepperei der mit Wasser gefüllten Badewanne in das Kinderzimmer (mal 2!), und es macht auch nichts, wenn die Kinder beim Baden fröhlich planschend die halbe Wanne leeren. Bevor das Badefest beginnt, stellen Sie sich die nötigen Utensilien zurecht. So brauchen Sie:

- 1 Badethermometer. Bitte temperieren Sie das Wasser nie nach Gefühl, Sie glauben gar nicht, wie man sich dabei irren kann.
- Badezusatz muss nicht, kann aber sein,

- Körperlotion zum Eincremen der zarten Babyhaut nach dem Bad ist dagegen empfehlenswert.

Wichtig sind noch

- weiche Waschlappen, von denen Sie insgesamt vier Stück benötigen, und
- kuschelige Trockentücher (ebenfalls 4 Stück) in der Größe 100 x 100 Zentimeter. Vielleicht haben Sie ja ohnehin schöne große Duschtücher im Haus, diese erfüllen voll ihren Zweck. Abstand nehmen sollten Sie von im Handel angebotenen Babytrockentüchern mit eingearbeiteter Kapuze. Diese sind mit 80 x 80 Zentimeter eindeutig zu klein, irgendetwas vom Säugling guckt da immer raus, und das ist ja nicht der Sinn der Sache.

Legen Sie auch

- frische Sachen zum Anziehen der Kinder bereit. Das Wichtigste als letztes:
- die Badewanne. Natürlich benötigen Sie nur eine Badewanne für Ihre Zwillinge. Diese können Sie entweder in die große Badewanne oder in die Dusche stellen und Ihre Arbeit im Knien verrichten. Oder aber Sie besorgen sich
- 1 Badewannenständer, freistehend oder als Aufsatz auf die elterliche Badewanne. Solch ein Ständer ist sehr zu empfehlen, denn das Baden an sich ist schon ein recht anstrengendes Unternehmen. Das Badezimmer ist stickig, Sie dürfen ja nicht lüften. Die Kinder planschen zwar meist gerne im Wasser, gebärden sich dafür beim Abtrocknen und Anziehen umso unwilliger.

Zwillinge baden dauert (Aus- und Anziehen mit einberechnet) etwa eine Stunde. Es lohnt sich sicherlich, diese Prozedur wenigstens so komfortabel wie möglich zu gestalten. Doch selbst dann sind Sie als „Bademeister" noch gebadet – in Schweiß.

Sie sollten daher wirklich überlegen, ob Sie Ihre Zwillinge jeden Tag baden wollen. Vom hygienischen Standpunkt aus reicht es vollkommen, Babys alle sieben Tage zu baden, wenn sie an den anderen Tagen gewaschen werden. Das geht schneller und ist körperlich nicht so anstrengend. Sie benötigen zum Waschen der Zwillinge laut Lehrmeinung

• 4 Plastikschüsseln, für jeden Zwilling also zwei. Mit dem Wasser aus einer Schüssel waschen Sie den Oberkörper des Kindes, mit dem aus der zweiten Schüssel alles unterhalb der Gürtellinie. Es gibt im Handel Plastikschüsseln, die in der Mitte eine Trennwand besitzen, so dass Sie das Wasser für die einzelnen Körperbereiche separat in einer Schüssel haben. Einfache, preiswerte Schüsseln erfüllen aber voll ihren Zweck. Wählen Sie für jeden Zwilling eine eigene Farbe und beschriften Sie die Schüsselwandung mit „oben" bzw. „unten", dann benutzen Sie immer die selben Schüsseln für die Popos.

Soweit die Lehrmeinung, wenn man die Empfehlungen für Einzelgeborene auf Zwillinge überträgt. Sie haben sicherlich bereits bemerkt, dass es gewaltig „schüsselt". Vier Schüsseln und zwei Babys – das erfordert schon eine ganze Menge Konzentration. Es ist erstaunlich, wie oft man trotz aller guten Vorsätze den Waschlappen in die falsche Schüssel tauchen kann. Zwilling eins auf dem Wickeltisch schimpft, weil er nicht gewaschen werden will, Zwilling zwei schreit aus Sympathie gleich mit, und dann noch die vielen Schüsseln!

Kurzum, es reicht vollkommen

• 1 Plastikschüssel für beide Zwillinge – laut Meinung vieler praxiserfahrener Zwillingseltern. Beim Baden liegt „oben" und „unten" ja schließlich auch in einer Wanne, die für beide Kinder benutzt wird.

Fortbewegungsmittel für Zwillinge

In diesem Kapitel geht es eigentlich zum ersten Mal um echte Zwillingsartikel. Während bisher jeweils von doppelten Anschaffungen allgemeiner Babyartikel die Rede war, sind die fahrbaren Untersätze für Zwillinge spezielle Anfertigungen: Sie merken das vor allen Dingen am stolzen Preis. Erfreulich ist, dass in den vergangenen Jahren immer mehr Herstellerfirmen dazu übergingen, Zwillingskinderwagen und deren Nachfolgemodelle anzubieten. So gibt es heute eine Vielzahl von Ausführungen, deren Vor- und Nachteile ich im Folgenden aufzeigen will. Ihnen selbst bleibt es überlassen, anhand dieser Kriterien zu entscheiden, welches Modell in Frage kommen könnte.

Wenn Sie die Gefährte Ihrer Zwillinge aus zweiter Hand erwerben wollen, sind Sie natürlich in Ihren Wahlmöglichkeiten eingeschränkt, Sie müssen weitgehend nehmen, was angeboten wird. Andererseits ist es gerade bei diesen relativ unverwüstlichen Artikeln zu empfehlen, sie gebraucht zu kaufen.

Vielleicht überzeugt Sie das ganz konkrete Beispiel unserer eigenen Anschaffungen. Wir erwarben einen Zwillingskinderwagen (Neupreis umgerechnet rund 300,- Euro) für 135,- Euro, einen Zwillingssportwagen mit allem erdenklichen Zubehör (Neupreis rund 500,- Euro) für 100,- Euro und einen Zwillingsbuggy (Neupreis 200,- Euro) für 75,- Euro. Den Kinderwagen haben wir für 50,- Euro weiterverkauft. Er sah immer noch ansehnlich aus.

Noch ein Tipp: Fangen Sie schon rechtzeitig an, die Tageszeitungen oder das Internet nach entsprechenden Anzeigen zu durchforsten. Und reagieren Sie auf Anzeigen rasch; die Nachfrage ist sehr groß, besonders bei Buggys, die häufig auch von Eltern mit zwei kleinen, dicht aufeinander gefolgten Kindern gesucht werden.

Der Zwillingskinderwagen

Bei den Zwillingskinderwagen muss man generell zwischen der herkömmlichen Ausführung und den sogenannten Zwillingskombiwagen unterscheiden.

Im **herkömmlichen Modell** liegen die Zwillinge auf einer gemeinsamen Liegefläche, der sogenannten Zwillingswanne, das Ganze ist vom Prinzip her einfach ein etwas breiter konstruierter normaler Kinderwagen. Dieser Zwillingskinderwagentyp hat folgende **Vorteile**:

- einen meist relativ niedrigen Anschaffungspreis
- schmale Außenmaße, da trennende Zwischenwände, die die Konstruktion verbreitern würden, fehlen
- häufig große Räder, die den Wagen leicht schiebbar machen
- Sie können diesen Wagentyp etwa 7 bis 8 Monate nutzen, da die Liegefläche durch fehlende Trennwände recht groß ausfällt
- die Zwillinge benötigen zusammen nur eine Zudecke in den Maßen 80 x 80 Zentimeter
- die Zwillinge können sich spüren, wärmen, Kontakt aufnehmen.

Der letztgenannte Vorteil wird allerdings von einigen Zwillingseltern eher als **Nachteil** empfunden, denn manches Zwillingspärchen neigt wohl dazu, die „Kontaktaufnahme" äußerst heftig zu gestalten. Da wird dem Gegenüber schon mal der Schnuller geklaut oder man leiht sich zum Nuckeln kurz den Daumen des Bruders.

Von unseren Zwillingen kann ich dies glücklicherweise nicht berichten. Sobald sich der Kinderwagen in Bewegung setzte, schliefen sie ein und wachten häufig erst bei der Heimkehr wieder auf, so dass bei den Fahrten Ruhe herrschte. Wir nutzten unseren Kinderwagen knappe neun Monate, obwohl der Sportwagen schon längere Zeit bereit stand.

Der Grund war der sehr kalte Winter. Im Kinderwagen ließen sich die Zwillinge wesentlich besser vor Kälte und Schnee schützen als im Sportwagen.

Die Alternative zum herkömmlichen Zwillingskinderwagen sind die sogenannten **Kombiwagen**. Ihren Namen verdanken sie den verschiedenen Funktionen, die sie erfüllen.

So ist ein Zwillingskombi eben primär als Kinderwagen nutzbar, besitzt als Liegefläche jedoch zugleich meist zwei Tragetaschen und lässt sich später in einen Sportwagen umbauen.

Modern gestylt sind diese „Luxuskarossen" natürlich außerdem. Sie sehen wirklich sehr schick aus, sind in allen gängigen Modefarben erhältlich.

Der **Vorteil** dieser modernen Kinderwagen liegt auf der Hand:
• ihre Vielseitigkeit. Ferner
• liegen die Zwillinge getrennt, jeder für sich, in einer eigenen Tragetasche und können sich nicht stören.

Doch auch bei den modernen Zwillingskinderwagen sind die Vorteile mit **Nachteilen** gekoppelt.

- So benötigen Sie aufgrund der getrennten Liegeflächen für jeden Zwilling eine eigene Zudecke, und natürlich statt zwei Kissenbezügen insgesamt vier.

Der größte Nachteil dieser mehrfach nutzbaren Konstruktion liegt jedoch gerade in ihrer Vielseitigkeit. Wie eigentlich bei allen Gegenständen, bei denen mehrere Funktionen unter einen Hut zu bringen sind, mussten auch hier Kompromisse geschlossen werden, um die Wagen handhabbar und dabei doch formschön gestalten zu können. Kompromisse, die die Kombi-Lösung in ihren einzelnen Funktionsbereichen den Einzel-Lösungen mehr oder weniger unterliegen lässt.

- Die Tragetaschen können im Vergleich zu separat gekauften Soft-Tragetaschen oft nur eine relativ kleine Liegefläche bieten. Der Grund ist klar, geräumige Tragetaschen würden den Wagen zu breit werden lassen. Durch die knapp bemessenen Taschen lässt sich mancher Kombi jedoch nur fünf bis sechs Monate als Kinderwagen nutzen, dann muss er bereits zum Sportwagen umfunktioniert werden. Bei unseren Zwillingen wäre das spätestens im Januar der Fall gewesen – keine gerade wirtliche Jahreszeit.

- Trotz dieser schmalen Tragetaschen sind die modernen Kinderwagen großrahmiger als herkömmliche Modelle. Man kann die Liegeflächen schließlich nicht unbegrenzt verkleinern. Die Trennwände der Taschen beanspruchen zusätzlichen Platz. Sie müssen mit einer gut 10 Zentimeter breiteren Karosserie zurechtkommen. Das macht sich besonders dann bemerkbar, wenn Sie mit Ihren Zwillingen viel auf schmalen, oft zugeparkten Bürgersteigen unterwegs sein werden, Fahrstühle zu benutzen sind u.ä.m. Überprüfen Sie Ihre täglichen Wege deshalb auf „neuralgische Punkte", bevor Sie eine Kaufentscheidung treffen.

Nehmen Sie zum Kauf ein Maßband mit und vergleichen Sie die einzelnen Typen und Modelle (so sie überhaupt im Laden stehen

oder die Maße zu erfragen sind). Manchmal sind es nur wenige, aber entscheidende Zentimeter, die Ihnen später den täglichen Spaziergang vermiesen.

Preiswert sind Zwillings-Kombiwagen auch nicht gerade, mit Zubehör erreichen sie schon mal vierstellige Summen.

Rechnen Sie daher gut, bevor Sie solch ein Zwillingsgefährt erwerben, und vergleichen Sie, ob Sie bei Einzelanschaffung von Tragetaschen, Kinderwagen und Sportwagen aus zweiter Hand nicht preiswerter kommen.

Und hier noch eine etwas ungewöhnliche Kombi-Lösung: Ein Zwillingsgefährt, das als Unterbau das Fahrgestell eines normalen Einlingskinderwagens besitzt. Erst die Montage einer Schiene ermöglicht das Aufsetzen der beiden Kinderwagenteile.

Manche Familie wird sich vom besseren Verstauen des zusammengelegten Unterteils im Auto überzeugen lassen. Weit wichtiger dürfte es aber sein, dass durch diesen Kinderwagentyp selbst enge Fahrstühle ihren Schrecken für zwillingsbeglückte Hochhausbewohner verlieren: nach Abnahme beider Oberteile kann das schmale Untergestell unproblematisch im Fahrstuhl transportiert werden.

Auch dieses Modell lässt sich später in einen Sportwagen umbauen. Die Sitze können dabei variabel und ohne allzu großen Aufwand nebeneinander, gegenüber oder hintereinander angebracht werden – also je nach Notwendigkeit quasi täglich neu. Dass diese Flexibilität ein entscheidender (wenn auch teuer zu bezahlender!) Vorteil dieses Kinderwagentyps ist, wird im folgenden Kapitel noch eingehend belegt.

Der Zwillingssportwagen

Auch bei den Zwillingssportwagen sind zwei grundsätzlich verschiedene Typen zu vergleichen. Dabei geht es hier jedoch weniger darum, wie „modern" man seine Kinder der Umwelt präsentieren will, sondern vielmehr um die Frage, ob man die Zwillinge zur Erleichterung der Ähnlichkeitsüberprüfungen durch Passanten nebeneinander setzen soll oder hintereinander, um leichter und rascher an eben diesen Passanten vorbeizukommen.

Doch Spaß beiseite – beim Zwillingssportwagen dreht sich alles um die Anordnung der Sitze und den daraus resultierenden Vor- bzw. Nachteilen.

Sollten Sie sich zum Kauf eines normalen Kombiwagens entschlossen haben, sind Sie in dieser Hinsicht ohnehin bereits festgelegt. Bei diesen Modellen sind die **Sitze nebeneinander** angeordnet. Als Sportwagen sind diese Mehrzweck-Zwillingsgefährte übrigens besser geeignet als als Kinderwagen. Der bereits erwähnte Kompromiss fiel hier zu Gunsten des Sportwagens aus. Natürlich bleibt die Breite des Fahrzeugs nach dem Umrüsten erhalten, doch stehen die normalen Zwillingssportwagen in dieser Hinsicht nun nicht mehr zurück, so dass ein separat gekaufter Sportwagen gegenüber Kombi-Lösungen keinerlei funktionelle Vorteile mehr aufzuweisen hat.

Einen spezifischen **Vorteil** weisen Sportwagen mit nebeneinander liegenden Sitzen ohnehin nicht auf; ihre Vorzüge ergeben sich mehr oder weniger aus den Nachteilen des „Tandem"-Sportwagens.

Der Zwillingssportwagen mit **hintereinander angebrachten Sitzen** präsentiert seinen allergrößten Vorteil dagegen auf den ersten Blick:

• er ist genauso schmal wie ein ganz normaler Einlingssportwagen, Sie können mit ihm ohne weiteres die Kassenbereiche der Supermärkte u.ä.m. passieren.

Dafür ist solch ein „Tandem" aber mehr als doppelt so lang wie ein Einlingssportwagen, und daraus ergeben sich bei einigen Modellen **Nachteile**, die leider nicht ganz so offensichtlich sind, sondern sich erst beim Gebrauch zu zeigen pflegen.

So ist es bei manchen Fabrikaten (bei denen man versuchte, die Länge des Gefährts im Rahmen zu halten) nicht möglich, Winterfußsäcke zwischen die Sitze zu schieben, egal, ob nun beide Sitze in eine Richtung zeigen oder die Kinder sich während der Fahrt angucken können. Achten Sie deshalb beim Kauf auf einen genügend großen Abstand zwischen den Sitzen.

Aber auch zu lange Sportwagen bergen manchmal Probleme in sich.

• Lebhafte Zwillinge können Ihnen als „Chauffeur" ganz schön Schwierigkeiten bereiten, wenn sie sich während der Fahrt nach links oder rechts aus ihren Sitzen beugen. Besonders das weiter von Ihnen entfernt sitzende Kind entfaltet auf diese Weise recht beachtliche Hebelkräfte, denen Sie entgegenzusteuern haben.

• Es gibt Fahrstühle, die für „Tandems" schlicht zu kurz sind. Der schmale Sportwagen passt zwar wunderbar durch jede Aufzugstüre, nur lässt sich diese manchmal nicht mehr schließen, weil noch ein Teil des Wagens aus der Fahrstuhlkabine ragt.

Denken Sie an dieses Problem bitte unbedingt, wenn Sie häufig auf Lifte angewiesen sind.

Streitereien zwischen den Zwillingen gibt es sowohl bei gegenüberliegenden als auch bei nebeneinander angeordneten Sitzen. Vielleicht fallen sie im „Tandem" etwas gemäßigter aus, da der räumliche Abstand der Zankäpfel größer ist. Doch konnte ich einmal mit Vergnügen beobachten (es waren ja nicht meine eigenen Kinder), wie ein 18 Monate alter Zwilling seinem Gegenüber mit blitzschnellem Griff den Pullover über den Kopf zog.

Sie werden sicher gemerkt haben, dass es schwer fällt, einen bestimmten Zwillingssportwagentyp zu empfehlen, da es zu sehr auf Ihre persönlichen Ansprüche und Gegebenheiten ankommt. Sie haben die „Qual der Wahl".

Preislich existieren kaum Unterschiede zwischen den heute üblichen Varianten. Etwas günstiger kommen Sie durch den Kauf zweier normaler Einlingssportwagen, die Sie mittels Metall-Spangen verbinden. Die Spangen sind im Handel – wenn auch nur in wenigen Geschäften – recht preiswert zu erhalten. Sie bauen sich Ihren Zwillingssportwagen sozusagen selber zusammen.

Allerdings schaffen Sie sich auf diese Weise ein wirklich sehr breites Gefährt an. Die Spangen müssen den Rädern der Innenseite ja freien Lauf lassen, so kann ein bestimmter Mindestabstand nicht unterschritten werden. Solch ein „Doppelsportwagen" lässt sich alleine relativ schlecht lenken. Zudem halten die Spangen der Belastung oftmals nicht stand und brechen.

Diese Art des Zwillingssportwagens ist einzig zu empfehlen, wenn vorhersehbar sein sollte, dass ein Elternteil nur sehr selten alleine mit den Kindern spazieren geht oder Sie häufig zu zweit in die Stadt müssen und dazu eventuell auf öffentliche Verkehrsmittel angewiesen sind, in die „normale" Zwillingsgefährte nicht hineinpassen. Jeder schiebt dann einen einzelnen Sportwagen, Sie sind nicht mehr behindert als Einlingseltern.

Und nun noch etwas für alle sportlichen Zwillingseltern: „The Baby Jogger Original Twinner". Dieses Gefährt ist besonders für Wanderer und Jogger geeignet, die auf Bewegung trotz Kindersegens nicht verzichten wollen. Es verfügt über 20-Zoll-Räder, mit denen es mühelos unbefestigte Wege meistert. Oder wie es eine Zwillingsmutter ausdrückte: Dieser Wagen schwebt förmlich über die Straße.

Der Zwillingsbuggy

Ähnlich komfortabel und praktisch, aber leider auch sehr teuer sind Joggerbuggys; zum Beispiel das beliebte Modell „Mountain Terrain". Auf einen Zwillingsbuggy sollten Sie nach einhelliger Meinung unserer gesamten Familie auf gar keinen Fall verzichten. Nicht nur mein Mann und ich waren ganz rasch „verliebt" in unseren Buggy, auch unsere Zwillinge zogen ihn dem Sportwagen eindeutig vor und quittierten Sportwagenausflüge alsbald mit Nörgelei. Das kam besonders meinem Mann sehr gelegen, der des mühseligen Aufbaus und Zusammenlegens der Sportkarre bei Einkaufsfahrten in die Stadt schon lange überdrüssig war.

Zwillingsbuggys sind zum Mitnehmen für unterwegs ideal. Gute Modelle lassen sich mit wenigen Handgriffen sekundenschnell (das ist keine Übertreibung!) auseinander klappen und wieder zusammenlegen. Durch ihre nach allen Seiten schwenkbaren Vorderräder wenden Buggys auf der Stelle und eignen sich daher hervorragend für „Slalomfahrten" um die Regalwände der Warenhäuser.

Als Regenschutz für die Kinder bieten sich mehrere Möglichkeiten an: zum einen Regencapes mit Kapuze, die sich sehr klein zusammenfalten lassen und bei unsicherem Wetter sehr praktisch zum Mitnehmen sind. Im Bedarfsfall werden diese Capes den Kindern nur rasch übergezogen. Eine etwas aufwändigere und damit auch teurere Lösung sind durchsichtige Buggyverdecke, die den Kindern noch genügend Frischluft gewähren. Diese Verdecke lassen sich einfach am Buggygestänge montieren, haben allerdings in meinen Augen den großen Nachteil, dass sie eine starre Rahmenkonstruktion besitzen und daher nicht einfach mal schnell auf „Verdacht" mitgenommen werden können. Außerdem gibt es sehr vornehme Buggys mit Sicherungsbügel, in dem die Regendecken zusammengerollt auf ihren Einsatz warten. Doch solch ein Nobelgefährt lohnt sich allenfalls, wenn der Buggy bei Ihnen das Hauptverkehrsmittel der Zwillinge sein soll. Neu sind Zwillingsbuggys nicht ganz preiswert, Sie zahlen hier wieder den speziellen „Zwillingszuschlag". Doch gerade für diese „geniale Konstruktion" (Originalton mein Mann) lohnt es sich, etwas tiefer in die Tasche zu greifen. Vielleicht haben Sie ja ohnehin Glück und können, trotz der starken Nachfrage nach gebrauchten Zwillingsbuggys, ein Exemplar aus zweiter Hand erstehen.

Leider ist dieses äußerst praktische Fahrzeug erst ab dem 8. Monat einsetzbar, wenn beide Zwillinge frei sitzen können. Natürlich reizt es manchen, den Buggy dank seiner lobenswerten Eigenschaften wesentlich früher in Gebrauch zu nehmen, doch widerstehen Sie dieser Versuchung im Interesse der Gesundheit Ihrer Kinder. Erst wenn Ihre Zwillinge den Buggy unbeschadet benutzen können, dürfen Sie die Vorzüge dieses Gefährtes ohne schlechtes Gewissen genießen.

Autosicherheitssysteme für kleine Zwillinge

Aufgrund der gesetzlich vorgegebenen Sicherungspflicht für Kinder während der Autofahrt bietet der Handel jede Menge Autosicherheitssitze an, die bereits ab dem ersten Lebenstag Ihrer Zwillinge zu nutzen sind.

Alle Modelle dieser Babyschalensitze von 0-13 kg lassen sich in verschiedenen Positionen – von sitzend bis liegend – arretieren. Die Kinder blicken entgegen der Fahrtrichtung und sind in den Stühlchen fest angegurtet. Im Falle eines Auffahrunfalls bietet

das Sitzen entgegen der Fahrtrichtung einen besonderen Schutz. Der Säugling wird lediglich gegen die Rückenlehne seines Sitzes gedrückt, wobei sich die Lehne noch wie eine Art Kokon um das Baby legt und es schützt. Achten Sie beim Kauf der Sicherheitssitze unbedingt auf das „GS"-Zeichen.

Das Entscheidende für die Nutzung im Alltag aber ist, dass diese Schalensitze ganz einfach und schnell mit dem Dreipunkt-Sicherheitsgurt anzuschnallen und wieder auszubauen sind.

Da die Sitze bereits ab dem ersten Lebenstag der Säuglinge eingesetzt werden können, fuhren unsere Kinder schon auf dem Weg von der Geburtsklinik ins Elternhaus in ihren kleinen Sicherheitsstühlchen. Links und rechts stützten wir die noch wackeligen Körper mit zusammengerollten Trockentüchern ab, so dass selbst unsere Winzlinge komfortabel saßen.

Es bot sich an, dass ich mich bei längeren Autofahrten, bei denen mein Mann am Steuer saß, zwischen die Zwillinge auf die Mitte der Rückbank setzte. Ich war damit in der Lage, mich bequem um die Kinder kümmern zu können und Quengeleien im Keime zu ersticken, indem ich z.B. heruntergefallenes Spielzeug wieder in die kleinen Babyhändchen drückte.

Bald erkannten wir jedoch auch die Vorzüge der Stühlchen außerhalb des Autos. Schon im Herstellerprospekt war auf ihre Eigenschaften als Wippenersatz hingewiesen worden, und so lagen unsere Zwillinge in ihren ersten Lebensmonaten häufig in ihnen und nahmen am Familienleben teil. Besuchten wir Freunde oder Verwandte, saßen unsere Kinder vergnügt mit an der Kaffeetafel – die Stühlchen hatten wir ja durch die vorangegangene Autofahrt ohnehin dabei. Unsere Zwillinge waren auf diese Weise nie vom Geschehen ausgeschlossen, ohne dass wir Eltern ständig ein Kind auf dem Schoß halten mussten. Das klingt vielleicht im ersten Moment etwas hart, aber warten Sie ab, bis Ihre Zwillinge geboren sind. Sie werden um jede Gelegenheit froh sein, bei der Sie beide Hände zum Essen frei haben.

Die meisten Sicherheitssitze dürfen höchstens bis zu einem Körpergewicht von 13 kg zur Beförderung im Auto genutzt werden. Die Kinder sitzen in diesem Alter bereits frei und lassen sich nun in Sicherheitssitzen für Kleinkinder ab dem 10. Lebensmonat transportieren. Sie sind für den Gewichtsbereich von 9 bis 18 kg zugelassen und daher etwa bis zum 4. Lebensjahr nutzbar. Unbedingt empfehlenswert ist auch der Kauf von Sonnenrollos für die Heckscheibe und die hinteren Seitenfenster, um die Kinder bei längeren Autofahrten vor zu starker Sonneneinstrahlung schützen zu können.

Ist ein Laufstall für Zwillinge unentbehrlich?

Diese Frage ist mit einem klaren „Ja" zu beantworten. Zumindest benötigen Sie einen „ausbruchsicheren" verletzungsfreien Ort, an dem Sie Ihre Zwillinge kurzzeitig ohne Beaufsichtigung zurücklassen können. Es ist beinahe unmöglich, beiden Kindern im Alltag jederzeit völlige Bewegungsfreiheit zu gewähren. Sei es, dass Sie bügeln müssen und Ihre Kinder entdecken das Spiel, die sich so lustig bewegende Bügeleisenschnur zu fangen, sei es, dass es an der Haustür klingelt und Sie ohne „Gefolgschaft" nachsehen wollen, wer draußen steht. Sie glauben nicht, was Kinder, besonders wenn Sie im Team arbeiten, innerhalb von zwei Minuten unbeaufsichtigt alles anstellen können.

In kleineren Wohnungen, in denen ein Laufstall die Wohnverhältnisse noch mehr beengen würde, erfüllt das Gitterbettchen voll die Funktion eines Laufstalls. Stellen Sie die Liegefläche aber bitte recht früh auf die unterste Position, damit ihre Zwillinge nicht durch gewagte Kletterkunststücke aus dem Bett fallen können.

Es spricht nichts dagegen, beide Kinder in ein Bettchen oder einen Laufstall zu setzen. Geben Sie Ihnen jedoch kein Spielzeug, mit dem sie gegenseitig die Härte ihrer Schädeldecken austesten können. Kleinkinder, auch sich noch so innig liebende Zwillinge, kennen kein Pardon, wenn es darum geht, ihren Forscherdrang zu befriedigen.

Leider haben im Handel erhältliche Laufställe meist eine recht kleine Grundfläche und engen die Kinder sehr ein. Im Internet werden aber Zwillingslaufställe angeboten; und lose Gitter, die ohne Boden aufgestellt werden können. Am schönsten wäre es natürlich für Zwillinge, wenn ihnen ein ganzes Spielzimmer zu Verfügung stünde, ein Raum ohne jedes Möbel, mit strapazierfähigem Teppichboden. Den Weg in die Freiheit versperren Sie durch ein Türsperrgitter, das sich einfach zwischen den Türrahmen festklemmen lässt. Jeder Zwilling hat dann die Möglichkeit, sich ungestört in eine Ecke zum Spiel zurückzuziehen, wenn ihm danach ist, muss jedoch trotzdem die Nähe des Geschwisters nicht vermissen. Das ist sehr wichtig, denn getrennte Zwillinge neigen gerne dazu, jämmerlich an den Gitterstäben der Laufställe zu hängen, bis sie wieder vereint sind – und sich ärgern können.

Gewöhnen Sie Ihre Kinder möglichst früh an ihr eigenes Reich, egal, ob es sich nun in Form eines Bettes, Laufstalles oder Spielzimmers präsentiert. Setzen Sie die Babys immer wieder für kurze Augenblicke hinter Gitter, bleiben Sie die erste Zeit bei ihnen. Entfernen Sie sich in der Gewöhnungsphase immer nur ganz kurz aus dem Blickfeld der Zwillinge, die Kinder dürfen keine Angst bekommen.

Mit der Zeit können Sie die Phasen, in denen Sie die Kinder alleine lassen, immer mehr vergrößern. Aber übertreiben Sie es nicht, entfernen Sie sich auch nicht über Rufweite, Laufställe jedweder Form sind kein Daueraufbewahrungsort für Kinder. Vor allem aber dürfen Sie Ihre Kinder nie mit Aufenthalten in ihrem „Gefängnis" bestrafen. Der Laufstall ist kein Erziehungsmittel.

Wenn Ihre Zwillinge frei im Zimmer spielen dürfen, empfiehlt sich eine unempfindliche und möglichst große Krabbeldecke. Ideal eignet sich hierzu ein alter Schlafsack, er bietet viel Platz und verhindert durch seine Isoliereigenschaften ein Auskühlen der Kinder von unten. Normale Wolldecken haben den Nachteil, dass die Babys häufig Fusseln zwischen ihren feuchten Händchen sammeln. Auch wenn die Säuglinge spucken – und das tun sie leider in den ersten Monaten sehr oft – lassen sich die Spuren vom glatten Schlafsack-Material wesentlich besser beseitigen.

Spielzeug für Zwillinge

Zum Thema Spielzeug lautet der Rat aller von mir befragten Zwillingseltern: Schenken Sie nicht beiden Kindern dasselbe Spielzeug, selbst wenn es in der ehrenwerten Absicht geschehen sollte, dass sich die Zwillinge nicht um einen Gegenstand streiten. Es ist vergebliche Liebesmühe, sie tun es trotzdem.
Ganz leicht feststellen lässt sich dieses Verhalten mit Kaffeelöffeln, die übrigens bei fast allen Kindern begehrtes Spielobjekt sind. Geben Sie jedem Zwilling einen Löffel in die Hand, und Sie werden beobachten können, dass Ihre Prachtexemplare alsbald beginnen, die Löffel auszutauschen – hin und her, hin und her.
Kinder – und da machen Zwillinge keine Ausnahme – wollen immer genau das, was andere gerade in der Hand halten, wollen deren Spiel nachahmen. Hören Sie also nicht (wie ich anfangs) auf Spielwarenverkäuferinnen, die Ihnen erzählen, Zwillinge müssten alles doppelt haben.
In den ersten Monaten nach der Geburt benötigen Sie ohnehin kaum gekauftes Spielzeug. Jeder Gegenstand, mit dem Mama und Papa hantieren, ist interessant. Säuglinge, die gerade zu greifen beginnen, können ihr Geschick an kleinen Löffeln oder an einem Schlüssel mit runden Kanten versuchen. Als Klapper eignen sich hervorragend mehrere zusammengebundene Schlüssel oder riesige bunte Knöpfe. Ausgewaschene, mit Reis gefüllte Cremedosen ergeben preiswerte Rasseln.
Aber auch für ältere Säuglinge bietet der Haushalt noch eine Fülle interessanter Sachen. Plastikschüsseln, Kochlöffel, Siebe, bunte Stoffreste, Topfdeckel und Mamas Stopfei sind heißbegehrt. Mit Vorliebe sortieren Kinder auch Wäscheklammern in den Klammereimer. Zum Spielen ist eigentlich alles geeignet, was sich nicht verschlucken lässt und woran sich Kinder nicht verletzen können.

Doch irgendwann reicht das alles natürlich nicht mehr aus, und das erste „richtige" Spielzeug wird gekauft. Schön ist es, wenn sich die Geschenke für die Zwillinge ergänzen, einer bekommt z.B. den Bagger, der andere den Lastwagen. Zwar wollen auch dann beide Kinder mit an Sicherheit grenzender Wahrscheinlichkeit unbedingt zur gleichen Zeit mit dem Laster spielen, doch haben Sie als Eltern bei kombinierbarem Spielzeug eher die Möglichkeit zu zeigen, wie man zusammen spielen kann.

Das ist ohnehin das Wesentliche zum Thema Spielzeug: Sie müssen den Kindern erst vorspielen, was man mit den einzelnen Sachen alles anfangen kann. Das beste und teuerste Spielzeug ist sinnlos, wenn es lediglich mit der Aufforderung „nun spielt mal schön" überreicht wird.

Auch Spielen will gelernt sein, umso mehr gemeinsames Spiel. Denn da kommt es darauf an, auch einmal kurzzeitig auf ein Spielzeug zu verzichten, es dem anderen zu leihen, die geplanten Aktionen aufeinander abzustimmen, Rücksicht zu nehmen. All diese für das spätere Leben sehr wichtigen Eigenschaften lernen Zwillinge „spielend".

Sinnvoll ist es übrigens, nicht immer alle Spielsachen gleichzeitig zur Verfügung zu stellen, sondern stets nur einige ausgewählte. Durch diesen Austausch behalten die einzelnen Gegenstände zum einen länger ihren Reiz. Viel wichtiger jedoch ist, dass die Kinder nicht durch das optische Überangebot an Spielzeug ständig abgelenkt werden und mit allem und jedem nur kurz spielen, sondern lernen, sich längere Zeit mit einer Sache beschäftigen.

Verschiedenartige Geschenke zu wählen, schont natürlich auch den Geldbeutel. Zwillinge benötigen zusammen eigentlich nicht mehr Spielzeug als ein Einzelkind, denn sie können ja nach Lust und Laune tauschen.

Es gibt sehr wenige Dinge, die doppelt vorhanden sein sollten. So wäre es von kleinen Kindern wirklich etwas zu viel verlangt, am Baggersee, wo man ohnehin nur wenige Stunden ist, zu warten, bis der andere Zwilling endlich keine Lust mehr hat, mit Eimer und Schäufelchen zu spielen. Auch Kuscheltiere muss ein Zwilling sein „eigen" nennen dürfen. Als Erwachsener leihen Sie ja Ihren Ehepartner schließlich auch nicht gerne aus, während Sie ein Buch einem Freund sicherlich bedenkenlos zum Lesen geben.

Je älter die Zwillinge werden, desto mehr sollten Sie darauf bedacht sein, Geschenke nach den jeweiligen Neigungen des einzelnen Kindes auszuwählen. Achten Sie auf qualitativ hochwertiges Spielzeug, auch wenn Sie dafür meist tief in die Tasche greifen müssen. Billigangebote landen in der Regel aufgrund ihrer mangelhaften Verarbeitung recht schnell in der Mülltonne und machen sich letztlich nicht bezahlt – ich schreibe dies aus eigener leidvoller Erfahrung. Schließlich wird jeder Gegenstand bei Ihnen von zwei „Forschern" auf etwaige Zerlegungsmöglichkeiten untersucht, teilweise sogar mit vereinten Kräften. Solchen Zerreißproben müssen die Spielsachen schon einiges entgegenhalten können. Bevorzugen Sie einfache, klare Formen, überflüssigen Zierrat erkennen Ihre Kinder als solchen und entfernen ihn zielstrebig.

Robustes Spielzeug dürfen Sie als Zwillingseltern allerdings nicht mit schweren, klobigen Gegenständen gleichsetzen. Ich habe ja im vorangegangenen Kapitel bereits auf die fatale Neigung kleiner Zwillinge hingewiesen, auch den Kopf des Geschwisters einem „Härtetest" zu unterziehen. Säuglinge machen das ohne jede böse Absicht, sie erkennen den anderen Zwilling noch nicht als „Menschen", er ist für sie „Gegenstand" wie alles andere eben auch.

Glücklicherweise dämmert es den meisten Kleinkindern irgendwann, dass ihr Gegenüber mit Schmerzempfindungen ausgestattet ist. Doch auch dann sind Zwillingseltern noch lange nicht in der Lage, nun alles ohne vorherige „Zwillingssicherheitskontrolle" einkaufen zu können. Zwillinge leben aufgrund ihres doppelten Daseins in der ersten Zeit sehr gefährlich. Beide sind durch ihren gleichen Entwicklungsstand noch nicht in der Lage, die Folgen ihres Tuns abzuschätzen, „umsichtig" zu handeln. Da wird schon einmal die Ladefläche des Lasters in die Ausgangsposition zurückgeklappt, obwohl die kleine Hand des Bruders darunter liegt. Beliebt ist es bei Zwillingen ferner, den anderen mit dem Rutschauto umzufahren oder kurzerhand vom Schaukelpferd zu zerren. Sie können dann noch von Glück sagen, wenn der „Abgeworfene" zu guter Letzt nicht auch noch unter die Hufe des stürmisch davon galoppierenden Reitermannes gerät. Eine Alternative ist eine Schaukelwippe, auf der beide Kinder sitzen können!

Natürlich kann man nicht alle Gefahren beseitigen, die von Spielzeug ausgehen. Das liegt zum einen daran, dass man diese als Eltern oftmals nicht von vornherein erkennt, so „dumm" kann man als Erwachsener gar nicht denken, wie Kinder spielen. Zum anderen sind gewisse Gefahrenquellen eben immer gegeben, auch Zwillinge müssen, natürlich unter Aufsicht, lernen, diese zu erkennen und zu umgehen.

Schließlich gehen nicht nur vom Spielzeug Verletzungsrisiken aus: die ganze Wohnung ist ein Sammelsurium an Gefahren, selbst wenn Sie Ihren Haushalt noch so kindersicher gestalten. Sie können nicht den Winter über in kalten Räumen leben, damit sich kein Kind an der Heizung verbrennt, oder auf dem Boden sitzend essen, weil die Zwillinge die Stühle zu Kletterpartien missbrauchen.

Wenn Spiel als Vorbereitung auf das „Leben" angesehen wird, so ist es eben unumgänglich, dass das Spiel, ebenso wie das Leben, gewisse Risiken in sich birgt. Sie haben als Eltern durch eine umsichtige Auswahl des Spielzeugs jedoch die Möglichkeit, entscheidend dazu beizutragen, dass dieser Vorbereitungsprozess nicht allzu schmerzhaft verläuft.

Der Alltag mit Zwillingen

Es ist nicht zu leugnen: der Alltag mit Zwillingen ist gleichbedeutend mit sehr viel Arbeit. Schon *ein* kleiner Säugling verlangt seinen Eltern in der ersten Zeit so ziemlich alles an Nervenkraft ab, was diese zu bieten haben.

Und wie viel mehr dann erst zwei!

Ratsam ist daher, dass Sie sich bereits einige Zeit vor dem errechneten Geburtstermin um eine Wochenbettbetreuung durch eine erfahrene Hebamme bemühen. Adressen freiberuflicher Hebammen vermitteln Ihnen gerne Frauenärzte und Geburtskliniken, sie stehen aber auch in den „Gelben Seiten".

Die Krankenkassen zahlen für die Leistungen dieser so genannten Nachsorge-Hebammen an den ersten 10 Tagen nach der Entlassung der Mutter aus der Klinik. Die Hebamme kommt in dieser Zeit täglich, auch am Wochenende, zu Ihnen nach Hause. Sie hilft die Zwillinge zu baden, zu wickeln, gibt Tipps zum Füttern und Stillen und berät auch, wenn die Popos mal wund sind oder rote Flecken haben...

Kurz: Diese patente Frau hilft Ihnen über alle Unsicherheiten der ersten 10 Tage mit Ihren Neugeborenen hinweg.

Im Bedarfsfall kann die Hilfe der Nachsorgehebamme auf Kosten der Krankenkasse aber auch weitaus länger in Anspruch genommen werden – etwa bis zum Ende der Stillzeit nach vier bis fünf Monaten, dann natürlich nicht mehr täglich.

Wenn zuerst nur ein Zwilling nach Hause darf

Der große Augenblick ist gekommen, endlich darf man die Geburtsklinik verlassen und mit den Zwillingen Einzug in das eigene Heim halten. Es ist nicht nur für die Neugeborenen der Weg in eine neue Welt, auch die jungen Eltern erwartet Ungewohntes. Wie wird sich das Zusammenleben darstellen, wie werden die Tage und Nächte verlaufen?

Doch vielleicht mischt sich in die Freude, endlich aus der Klinik entlassen zu werden, ein Wermutstropfen. Dann nämlich, wenn nur eines der Kinder mit nach Hause darf, das andere aber noch in ärztlicher Behandlung verbleiben muss. Bei Zwillingen tritt dieser Fall gar nicht so selten ein.

Aus eigener Erfahrung weiß ich, dass man die Familie als nicht vollständig empfindet, bis schließlich auch das zweite Kind zu Hause ist. Viel schwerwiegender als das Gefühl, noch nicht „komplett" zu sein, ist jedoch in der Regel die enorme Mehrbelastung, die durch die getrennten Zwillinge anfällt. Zu Hause hat man ein Neugeborenes, das es zu pflegen gilt, andererseits will, soll und muss man das andere Kind in der Klinik besuchen, um den Kontakt zu ihm aufrecht zu erhalten, ihm Liebe zu geben, aber auch, um es mit Muttermilch zu versorgen.

Es ist nahezu unmöglich, dass stets beide Elternteile zu den Besuchszeiten in die Klinik fahren, schon allein, weil es nicht anzuraten ist, den zu Hause lebenden Zwilling ständig in die Kinderklinik mitzunehmen. Die Infektionsgefahr ist einfach zu groß.

Jeder Klinikbesuch stellt für die Eltern eine starke psychische Belastung dar. Am allerschlimmsten ist es, das Kind hilflos zurücklassen zu müssen, gehen zu müssen, obwohl man bleiben möchte. Sie sind wirklich kein schlechter Vater oder keine schlechte Mutter, wenn jeweils nur einer von Ihnen in die Kinderklinik fährt, während der andere zu Hause bleibt. Ich weiß noch, dass mir jedes Mal nach diesen Besuchen sehr elend zumute war, körperlich und seelisch. Ich war dankbar, wenn mein Mann alleine zu unserem Zweitgeborenen fuhr, ich wollte dieses kleine, hilflose Bündel nicht sehen, wollte mit seinem Anblick nicht konfrontiert werden. Mein Mann erwies sich in dieser Zeit als wesentlich stabiler, wenngleich ihn der für Krankenhäuser so typische Geruch von Mal zu Mal mehr ekelte.

Aber auch wenn es Ihnen beiden sehr schwer fällt, sollte dennoch wenigstens einmal am Tag einer von Ihnen in der Kinderklinik vorbeischauen – nicht zuletzt, um Ihren zweiten Zwilling so bald wie möglich nach Hause holen zu können. Signalisieren Sie den Ärzten und Schwestern Ihr ernstes Interesse an der Entwicklung des Kindes, fragen Sie bei Unklarheiten nach, lassen Sie sich nicht mit allgemeinen Floskeln abspeisen. Erkundigen Sie sich vor allen Dingen, ob es wirklich notwendig ist, zu warten, bis der Säugling 2500 g wiegt, wenn sein Gesundheitszustand ansonsten nichts zu wünschen übrig lässt. Weisen Sie ruhig auf Ihre Mehrbelastung durch die getrennten Zwillinge hin, manchmal ist es einfach nur Gedankenlosigkeit seitens der Ärzte, die eine vorzeitige Entlassung des kleinen Zwillings verhindert und Ihnen das Leben erschwert.

Ohne Hilfe ist es kaum zu schaffen

Wenn eine junge Mutter aus der Geburtsklinik entlassen wird, befindet sie sich für gewöhnlich nicht gerade auf dem Höhepunkt ihrer Leistungsfähigkeit – zumal nach einer Kaiserschnittoperation. Dem Umstand, dass Zwillingsmütter nach der Geburt eine längere Phase der Rekonvaleszenz benötigen als Einlingsmütter, trägt sogar der Gesetzgeber Rechnung. Er gewährt Ihnen statt der üblichen acht zwölf Wochen Mutterschutzfrist. Doch wie sich schonen, sich erholen, wenn zwei Säuglinge rund um die Uhr ihr Recht fordern, versorgt zu werden?

Ohne Hilfe ist die Arbeit in der ersten Zeit kaum zu schaffen. Die mögliche Unterstützung durch eine Nachsorgehebamme habe ich Ihnen daher ja schon ans Herz gelegt. Darüber hinaus besteht die Möglichkeit einer finanziellen Unterstützung durch die Krankenkasse für eine Haushaltshilfe (eventuell bereits während der Schwangerschaft). Erkundigen Sie sich am besten auch danach schon lange vor dem Geburtstermin, um besser planen zu können. Fast selbstverständlich ist es inzwischen, dass frischgebackene Väter für die ersten Wochen nach der Entbindung Urlaub nehmen, um zu Hause tatkräftig mit anzupacken. Auch wenn der Urlaub vorüber ist, ändert sich daran nur selten etwas. Viele Zwillingsväter übernehmen abends ganz selbstverständlich Pflichten wie Füttern, Baden oder Wickeln und versorgen die Kinder auch nachts.

Die Hilfe der eigenen Mutter oder Schwiegermutter kann dagegen problematisch sein. Viele junge Mütter, selber noch unsicher im Umgang mit ihren Kindern, fühlen sich von diesen „erfahrenen" Helferinnen sehr leicht bevormundet. Nicht selten enden Hilfsangebote der eigenen Eltern mit Streitigkeiten, und diese können Sie mit Ihren angegriffenen Nerven wirklich nicht gebrauchen.

Trotzdem sollten Sie es sich gut überlegen, bevor Sie Hilfe dankend ablehnen. Manchmal lässt sich der Stein des Anstoßes in einem ruhigen Gespräch beseitigen, oder Sie legen sich eine Art Galgenhumor zu, der es Ihnen ermöglicht, über den Dingen zu stehen. Sicher serviert die Schwiegermutter die Fläschchen einmal zu heiß oder dreht beim Wickeln das Oberste zuunterst. Aber einmal ehrlich, würden Sie bei sich selber diese Fehler auch so kritisch ahnden? Solange die Kinder bei der Betreuung durch ihre Großmütter keinen ernsthaften Schaden nehmen, ist das doch alles halb so schlimm. Wichtig ist einzig, dass Sie entlastet sind.

Helfende Hände lassen sich leider nicht herbeizaubern. Nehmen Sie daher jedes Hilfsangebot, dass Ihnen entgegengebracht wird, skrupellos an. Sie werden bald merken, wer seine Offerte ernst gemeint hat. Gerade wenn man Zwillinge erwartet, schwappt die Welle der Hilfsbereitschaft oft über einem zusammen, verebbt aber schnell im Sande. Echte Unterstützung kann vielseitiger Natur sein und muss sich nicht nur auf die Versorgung der Zwillinge beschränken. Gute Freundinnen stellen sich schon einmal in die Küche und waschen ab, bügeln Ihre Wäsche oder fahren Ihre Kinder spazieren. Nette Nachbarn kaufen sicher gerne für Sie mit ein.

Wichtig ist auch, dass Sie von Ihrer Seite die Kontakte zu Freunden aufrecht erhalten. Besuch von Freunden kann sehr anstrengend, aber auch belebend sein. Die Gedanken drehen sich einmal für wenige Stunden nicht um Windeln und Fläschchen.

Geradezu genießen werden Sie jene seltenen Stunden, die Sie ohne Ihre Zwillinge verbringen können. Gönnen Sie sich, wenn es sich einrichten lässt, ab und zu ein paar Mußestunden, gehen Sie zum Friseur, machen Sie einen Stadtbummel. Nach so einer Seelenmassage gehen Sie sicherlich mit neuem Schwung an Ihre Aufgabe heran und finden die Zwillinge, selbst wenn Sie diese „Tyrannen" vor zwei Stunden völlig entnervt verlassen haben, wieder niedlich und lieb.

Die Kunst, Arbeit zu reduzieren

Zunächst einmal ist es ganz allgemein sehr empfehlenswert zu erkennen, dass die uns von der Werbung vorgegaukelte strahlende, gepflegte junge Mutter in der Realität nicht existiert. Sie kennen diese Frau ja: sie ist nie abgespannt, stets wie aus dem Ei gepellt, bewältigt Beruf und Haushalt ohne Mühe und verwöhnt zudem noch Mann und Kinder.

Nun, diese Frau hat eben keine kleinen Zwillinge. Meist scheitern ja bereits Einlingsmütter daran, diesem „Idealbild" der deutschen Frau nachzueifern. Um wie vieles mehr haben Sie dann das Recht dazu. Lassen Sie sich von der Werbung kein schlechtes Gewissen einimpfen. Das ist leichter gesagt als getan, aber versuchen Sie es.

Nehmen Sie sich fest vor, so wenig unnütze Arbeit wie möglich zu verrichten. Dass Sie in der ersten Zeit nach der Entbindung keine Festmenüs kochen, dürfte selbstverständlich sein. Ungeputzten Fenstern sollten Sie die kalte Schulter zeigen, graue Gardinen haben Sie ohnehin nicht, denn Sie rauchen ja nicht mehr, und über ein paar Krümel auf dem Teppich ist noch niemand gestolpert. Gewöhnen Sie sich an, Ihre unaufgeräumte Wohnung als Ausdruck besonderer Mutterliebe zu interpretieren. Ihre Kinder sind Ihnen eben wichtiger als alles andere.

Doch auch bei der Versorgung und Pflege der Säuglinge lässt sich einiges an Arbeit reduzieren, ohne dass dies auf Kosten der Zwillinge geschieht. So genügt es, die Kinder einmal in der Woche zu baden, falls sie an den anderen Tagen gewaschen werden. Es ist weiterhin vollkommen ausreichend, die Zwillinge nur einmal pro Woche zu wiegen. Auf diese Weise verringert sich nicht nur die Arbeit, Sie schonen auch Ihre Nerven, da Sie das tägliche Auf und Ab der Gewichtsentwicklung nicht registrieren. Kochen Sie die gesamte Wassermenge für die Fläschchen eines Tages am Morgen auf einmal ab und füllen Sie das auf 60°C temperierte Wasser in eine große Thermoskanne.

Sterilisieren Sie besser alle Fläschchen eines Tages auf einmal statt mehrmals am Tag wenige Flaschen. Bis zu welchem Alter der Kinder man sterilisieren sollte, darüber scheiden sich die Geister. Ich kenne nicht wenige Einlingsmütter, die noch die Fläschchen ihres eineinhalbjährigen Kindes abkochen. Andere Eltern setzen dieser lästigen Prozedur bereits sehr viel früher ein Ende, manche schon im vierten Lebensmonat der Säuglinge. Ein gesunder Kompromiss dürfte sein, die Fläschchen etwa fünf bis sechs Monate lang zu sterilisieren und dann nur noch gut auszuwaschen. Die Sauger können Sie ja auch weiterhin auskochen, das beansprucht kaum Zeit und beruhigt Ihr Gewissen.

Sehen Sie als Zwillingseltern ferner geflissentlich über Flecken auf Stramplern oder Hemdchen hinweg. Es ist nur unter enormem Energie- und Zeitaufwand möglich, stets sauber gekleidete Zwillinge vorzeigen zu können. Warten Sie mit dem Umziehen daher ruhig bis zum nächsten Wickeln. Ständiges Umkleiden bedeutet ein Mehr an Waschen, Aufhängen, Abnehmen und Zusammenlegen. Falls es noch nicht geschehen und finanziell möglich ist: Legen Sie sich einen Wäschetrockner zu.

Es ist klar, dass sich die mit Zwillingen verbundene Arbeit nicht beliebig reduzieren lässt, Sie werden als Zwillingseltern im ersten Jahr stets wesentlich mehr beansprucht sein als „normale" Eltern. Andererseits dürfen Sie die Arbeit aber auch nicht überbewerten. Oftmals ist es nur eine Sache der Einstellung, wie belastend man bestimmte Arbeiten empfindet. Auch viele Einlingsmütter klagen darüber, Haushalt und Kind kaum bewältigen zu können. Ich erlebte es immer wieder auf Spaziergängen, dass Mütter mit einem Säugling mich teilnahmsvoll fragten, wie ich das denn bloß mit zweien schaffen würde. Als eine junge Frau einmal entsetzt meinte, Zwillinge, das müsse ja wohl schrecklich sein, sie hätte bereits mit ihrem kleinen Jungen das Gefühl, den halben Tag im Bad zu stehen und zu wickeln, konnte ich nur noch antworten: „Sehen Sie, das ist vielleicht der Unterschied – Sie haben nur das Gefühl, und ich stehe tatsächlich den halben Tag im Bad und wickele. Doch man gewöhnt sich ganz gut daran."

Ordnung ist das halbe Zwillings(eltern)leben

Wenn es gilt, zwei Säuglinge zu füttern, zu wickeln und zu umsorgen, ist es zunächst einmal ratsam, einige Dinge des täglichen Bedarfes in zwei verschiedenen Farben anzuschaffen. Schnuller, Waschlappen, Trinktassen und ähnliches sind so stets eindeutig dem einzelnen Zwilling zuzuordnen. Bei den Fläschchen können Sie sich durch die Wahl verschiedener Flaschenformen behelfen oder aber Sie kennzeichnen die Flaschen dauerhaft durch Plaketten, die allerdings der Sterilisation zu widerstehen haben. Unumgänglich ist es geradezu, nach der Entlassung aus der Geburtsklinik für jeden Zwilling ein kleines Heft oder eine Liste anzulegen. Die Liste hängen Sie am zweckmäßigsten über den Wickeltisch, Hefte haben den Vorteil, dass sie sich für unterwegs mitnehmen lassen. Doch für welche Methode Sie sich auch immer entscheiden, die einzelnen Spalten dieser Notizgelegenheiten sollten folgende Überschriften tragen:

- Datum und Uhrzeit der Fütterung,
- Trinkmenge pro Mahlzeit,
- Stuhlgang,
- Besonderheiten und
- sonstiges.

Unter „Besonderheiten" fallen Krankheiten, Fieber etc., während unter „sonstiges" die wöchentliche Gewichtszunahme oder die verabreichten Medikamente festzuhalten sind. Natürlich dürfen Sie auch noch andere Dinge, die Ihnen wichtig erscheinen, notieren, nur sollten Sie Ihre Notierwut nicht allzu sehr auswuchern lassen. Zu große Listen werden leicht unübersichtlich. Außerdem kostet das Ausfüllen auch Zeit, man wird rasch nachlässig. Konzentrieren Sie sich auf wenige, wesentliche Rubriken.

Tragen Sie die Daten stets sofort nach den Mahlzeiten oder nach dem Wickeln ein. Es ist erstaunlich, aber man kann manchmal schon nach einer Stunde nicht mehr sagen, welcher der Zwillinge nun beim letzten Wickeln Stuhlgang gehabt hatte und wer nicht, oder ob überhaupt. Ohne Buchführung würden Sie sicherlich erst sehr spät bemerken, wenn einer Ihrer Zwillinge unter Verstopfung leidet und sich vorher nur wundern, warum das Kind immer so quengelt.

Solch ein Heft oder eine Liste, auf der stets alle wesentlichen Daten eingetragen sind, bietet zudem den Vorteil, dass die Eltern, wenn sie sich bei der Pflege ihrer Kinder abwechseln, ohne jede Rückfrage beim Partner fließend die Versorgung übernehmen können. Das kann z.B. nachts ganz nützlich sein, wenn Sie vom Schreien der Kinder aufwachen, Ihr Partner jedoch die letzte Abendfütterung durchgeführt hat, während Sie bereits schliefen. Ein Blick auf die letzte Eintragung genügt, und Sie sind informiert, ohne Ihren wackeren Mitstreiter aus dem wohlverdienten Schlaf reißen zu müssen.

Ab dem 4. Monat gesellt sich noch eine weitere Rubrik zu den genannten: die Breifütterungsmenge. Nach und nach löst nun

Der Tagesablauf unseres Sohnes Bernhard sah laut Hefteintragung am 3. August wie folgt aus:

Datum + Uhrzeit	Trinkmenge / Kohlaut?	Stuhlgang	Besonderheiten	sonstiges
3.8.				
1⁰⁰	80 ml M.	−	−	−
6⁰⁰	85 ml M.	−	alles wieder ausgespuckt	−
9⁰⁰	60 ml M.	−	−	D - Rückerle
12⁴⁵	70 ml M.	normal	−	−
18⁰⁰	55 ml M.	−	−	−
21⁰⁰	65 ml M.	wenig fest	−	−
	415 ml M			

M. stand bei uns für Fertigmilch.

festes Essen die reine Milchnahrung ab. Damit erschwert sich die Buchführung etwas, denn die verzehrten Mengen lassen sich bei fester Nahrung nur ungenau bestimmen. Doch schließlich geht es ja hier nicht um eine exakte Erfassung mit anschließender wissenschaftlicher Auswertung: Ihre Aufzeichnungen sollen lediglich Aufschluss über die Esslust des Säuglings geben. Denn da kann man sich subjektiv gewaltig irren. Ich weiß noch, wie mein Mann und ich anfangs oftmals über den schlechten Appetit unseres Zweitgeborenen in Verzweiflung gerieten und immer ein bisschen Angst hatten, unser Sorgenkind könnte verhungern. Das abendliche Aufaddieren der gesamten am Tag verzehrten Nahrungsmenge ergab dann aber doch stets befriedigende Zahlen. Der Kleine aß unter dem Strich betrachtet öfter am Tag kleinere Portionen. Diese wirkten im einzelnen natürlich weniger spektakulär als die „Riesenportionen" des „großen" Bruders zu den Hauptmahlzeiten.

Auch der Kinderarzt wird Ihnen im Krankheitsfalle für detaillierte Angaben zu Esslust, Stuhlgang u.ä. dankbar sein. Er kann daraus unter Umständen wichtige Schlüsse ziehen.

Natürlich ist es nicht nötig, die Aufzeichnungen ewig weiterzuführen. Die Anzahl der pro Tag gefütterten Mahlzeiten reduziert sich immer mehr, das fast unübersehbare Durcheinander der ersten Zeit, wo sich Fläschchen an Fläschchen reiht, löst sich allmählich auf. Sie können daher in der Regel ab dem 8. Monat mit der Listenführung aufhören. Auch der Stuhlgang Ihrer Zwillinge ist bis dahin soweit gediehen, dass er durch seinen Geruch und sein Volumen nun längere Zeit in Ihrem Gedächtnis haften bleiben wird.

Kann man Zwillinge stillen?

Muttermilch ist die beste Nahrung für die Neugeborenen, daran besteht kein Zweifel. Sie ist ausgewogen zusammengesetzt, der noch unterentwickelten Funktion des Verdauungstraktes angepasst und daher sehr gut verdaulich. Gerade für zu früh geborene oder untergewichtige Zwillinge ist das von großer Bedeutung.

Ob Sie als Zwillingsmutter Ihre Kinder stillen können, hängt neben den körperlichen Voraussetzungen weitestgehend von Ihrer inneren Einstellung ab, und wie sehr Sie von Ihrer Familie und Ihrer Umwelt in Ihren Bemühungen unterstützt werden.

Es war für mich übrigens interessant, in den Gesprächen mit anderen Zwillingsmüttern immer wieder feststellen zu können, wie sich das Stillverhalten in den vergangenen Jahrzehnten geändert hat. Während ältere Zwillingsmütter, deren Kinder heute bereits 45 oder 50 Jahre alt sind, meist selbstverständlich gestillt haben, erzählten mir Zwillingsmütter der folgenden Generation sehr häufig, sie hätten ihre Zwillinge nicht stillen können. Heute scheinen Zwillingsmütter wieder mehr Milch zu haben als ihre Vorgängerinnen. Auf alle Fälle hat der Anteil stillender Mütter in den letzten Jahren erfreulicherweise wieder zugenommen, was auch bei den Kontaktbörsen zum Thema „Stillen" im Internet zum Ausdruck kommt (mehr dazu im Anhang). Stillen ist also wieder in „Mode".

Dennoch ist selbst heute noch ein sehr fester Wille nötig, um gegen all die Unkenrufe aus der Verwandtschaft und Bekanntschaft bestehen zu können. Man wird Ihnen von allen Seiten her erklären, wie aufreibend das Stillen für Sie sein wird – und im Allgemeinen haben die Leute sogar recht damit.

Wenn Sie nicht zu jenen beneidenswerten Müttern gehören, die von Anfang an ausreichend Milch für Vierlinge produzieren, bedeutet die erste Zeit nach der Entbindung für Sie eine enorme Belastung. Besonders nach der Klinikentlassung haben viele Frauen Schwierigkeiten, die Kinder satt zu bekommen. Die Umstellung, die Hektik, die Aufregung durch die vielen Besuche lassen das Milchangebot zurückgehen.

Um den Milchfluss in Gang zu halten, sollten Sie während des Stillens für eine entspannte Atmosphäre sorgen und jedes Baby zunächst mindestens alle 2 Stunden für etwa 5 Minuten anlegen. Nicht länger, sondern häufiger Saugreiz regt die Milchbildung an. Das bedeutet bei versetzten Trinkzeiten Ihrer Zwillinge streng genommen, dass Sie in den ersten Wochen jede Stunde, rund um die Uhr, stillen müssen. Niemand kann Ihnen dies abnehmen, auch nicht der liebevollste Partner.

Erst nach einigen Wochen kommt die Milchproduktion durch die ständige Nachfrage richtig in Schwung. Der Rhythmus der Mahlzeiten pendelt sich auf drei bis vier Stunden ein, das Stillen beansprucht pro Kind jetzt etwa 10 bis 15 Minuten. Bereits in den ersten fünf bis acht Minuten trinkt ein Säugling übrigens 75 Prozent der Mahlzeit. Nun zeigen sich auch die Vorteile des Stillens. Sie sparen Zeit, Arbeit und Geld, da Sie keine Fläschchen mit Fertigmilch anrühren und später sterilisieren müssen. Muttermilch ist immer frisch, keimfrei und richtig temperiert. Sie enthält außerdem Abwehrstoffe, die die Säuglinge vor Krankheiten schützen. Aber den Wert des Stillens nur an diesen nüchternen Maßstäben zu messen, wäre zu wenig. Das Saugen vermittelt den Babys auch Hautkontakt, Geborgenheit und Wärme.

Trotzdem sind Sie keine schlechte Mutter, wenn Sie nicht stillen können oder es ablehnen, weil Sie sich überfordert fühlen. Selbst Frauenärzte raten Zwillingsmüttern immer wieder, doch lieber auf Flaschenernährung umzusteigen, bevor Sie sich körperlich und nervlich ruinieren. Viele Mütter, die auf die Vorteile des Stillens nicht völlig verzichten wollen, bevorzugen, sobald die Milchproduktion sicher eingesetzt hat und es keinen ständigen Saugreizes mehr bedarf, eine kombinierte Ernährung aus Flaschenmilch und Muttermilch. Sie geben den Zwillingen zu Tageszeiten, zu denen es in der Familie erfahrungsgemäß hektisch zugeht, die Flasche und stillen z.B. lediglich in den ruhigen Vor- und Nachmittagsstunden. Meist lässt sich ein für beide Seiten akzeptabler Rhythmus finden.

Problematisch wird es mit dem Stillen häufig, wenn ein Zwilling oder gar beide Neugeborenen noch in der Kinderklinik versorgt werden müssen. Sie können die Milch dann zwar für Ihre Kinder abpumpen, nur setzt dieser maschinelle Saugreiz die Milchproduktion nicht so in Gang wie das natürliche Nuckeln der Babys. Es ist schwierig, durch die Milchpumpe eine für beide Zwillinge ausreichende Milchmenge zu erzeugen. Oft scheitert daran das Vorhaben, die Kinder stillen zu wollen. Ein Versuch lohnt sich aber auf alle Fälle. Elektropumpen verleihen Apotheken meist sogar gratis!

Stilltechniken

Doch wie stillt man Zwillinge? Kann man beide gleichzeitig anlegen, oder lässt man sie lieber nacheinander saugen? Mehr als hilfreich wird für Sie bei der Beantwortung all dieser Fragen natürlich die Nachsorgehebamme sein, die Ihnen mit Ratschlägen bis zur Zeit des Abstillens nach vier oder fünf Monaten zur Seite stehen kann. Ganz allgemein gilt: welche Technik Sie anwenden können, wird vor allen Dingen vom Trinkverhalten Ihrer Zwillinge abhängen. Neugeborene, die schlecht trinken, immer wieder die Brustwarze verlieren und Probleme haben, sie wiederzufinden, kann man nicht zugleich stillen. Sie hätten ja in diesem Fall keine Hand mehr frei, um die Säuglinge bei der Suche nach ihrer Nahrungsquelle zu unterstützen. Mit etwas Phantasie können Sie sich vielleicht vorstellen, welche akrobatischen Verrenkungen erforderlich sind, dies bei zwei zugleich angelegten Säuglingen in die Tat umzusetzen.

Trotzdem traf ich gelegentlich Mütter, die ihre Zwillinge gleichzeitig angelegt hatten, und auch im Internet geben praxiserprobte Frauen dazu ihre Erfahrungen preis! Einmal konnte ich diesen Vorgang sogar im Fernsehen verfolgen. Ich war wirklich erstaunt, wie ruhig die Zwillinge dieser Frau tranken – bei meinen aufgeregten Winzlingen war derartiges undenkbar. Da nützte auch kein spezielles Zwillingsstillkissen, zu dem mir andere Zwillingsmütter zur Erleichterung des Haltens geraten hatten. Es war und blieb unbequem, für alle.

In den überwiegenden Fällen legen stillende Zwillingsmütter ihre Kinder nacheinander an. So kann man jedem Kind während des Stillens die volle Aufmerksamkeit schenken und bei Problemen helfend eingreifen. Das zweite Kind setzen Sie, wenn es schon wach sein sollte, am zweckmäßigsten in seine Wippe vor Ihren Stuhl. Es kann Sie aus dieser Position sehen und überdies nichts anstellen, während das Geschwister versorgt wird.

Doch egal, welche Stilltechnik Sie wählen (können), wichtig ist, dass Sie die Zwillinge nicht immer an der selben Brust anlegen, sondern bei jeder Mahlzeit die Seite wechseln. Bei einer Mahlzeit darf das eine Kind rechts trinken und das andere links, bei der nächsten Fütterung machen Sie es dann umgekehrt. Nur selten bilden beide Brüste die gleiche Menge Milch. Ohne den ständigen Wechsel der angebotenen Brustseite würde ein Zwilling zwangsläufig immer weniger Milch erhalten als der andere.

Damit Sie nicht die Übersicht verlieren, notieren Sie die jeweils angebotene Brust in den im vorigen Kapitel angesprochenen

„Fußballgriff"

Die Babys schauen in die selbe Richtung.

Die Babys liegen parallel zum
Körper der Mutter.

Mutter in fast liegender Position,
die Babys parallel zu ihrem Körper.

Babys kreuzweise und von Polstern und
den Armen der Mutter gestützt.

Babys kreuzweise, nur von den Armen der
Mutter gestützt – nur für Notfälle geeignet.

Mögliche Stillpositionen beim gleichzeitigen Anlegen beider Kinder. Nach Zeichnungen von
Joan Moore in: Elizabeth M. Bryan, The Nature and Nurture of Twins, London 1983.

Listen. Tragen Sie in der Rubrik „Milchmenge" einfach ein „l" oder ein „r" ein. Eine Mengenangabe der getrunkenen Milch entfällt bei gestillten Kindern, bitte kommen Sie nicht in Versuchung, Ihre Zwillinge nach jedem Stillen auch noch zu wiegen, diese Arbeit ist wirklich zu anstrengend.

Zur Kontrolle kann Ihnen besser dienen, ob Ihre Zwillinge 6 bis 8 mal am Tag eine feuchte Windel haben. Denn dann erhalten sie genügend Muttermilch.

Manche Mutter behilft sich bei der Markierung der jeweils anzubietenden Brüste auch mit einem Bändchen. Dies wird am BH-Träger befestigt und wechselt nach jeder Mahlzeit die Seite. Das Erstgeborene legen Sie dann bei der nächsten Fütterung einfach wieder an die mit dem Bändchen markierte Brust an. Auch auf diese Weise kommt jeder Zwilling abwechselnd in den Genuss Ihrer beiden Brüste.

Das Füttern mit der Flasche

Die Ernährung mit Hilfe von Fertigmilchprodukten wirft eventuell bereits vor der Entbindung ihre Schatten voraus, wenn die Hebamme Sie bei Ihrem ersten Zusammentreffen fragt, welche Marke Sie nach der Entbindung verwenden wollen. Die Vor- und Nachteile der einzelnen Produkte werden Ihnen ausführlich in jedem Säuglingspflegekursus erläutert. Berücksichtigen Sie bei Ihrer Entscheidung jedoch auch den Preis der einzelnen Marken, schließlich kommt diese Ausgabe doppelt auf Sie zu und reißt kein unerhebliches Loch in Ihre Haushaltskasse. Wichtig ist letztlich außerdem, dass die Fertigmilch Ihrer Wahl auch im nächstgelegenen Supermarkt erhältlich ist. Was nutzt Ihnen das beste Produkt, wenn seine Beschaffung jedes Mal eine halbe Stadtrundfahrt erfordert.

Von besonderer Bedeutung ist die vorherige Festlegung einer bestimmten Fertigmilchmarke immer dann, wenn Zwillinge nach der Entbindung in verschiedenen Kliniken betreut werden müssen. Eine gute Hebamme nimmt es Ihnen hier ab, darauf zu achten, dass beide Zwillinge dieselbe Fertigmilch erhalten. Eine Gleichschaltung der verwendeten Präparate ist deshalb so wichtig, weil Ihnen niemand zumuten kann, nach Ihrer Klinikentlassung auch noch mit verschiedenen Milchpulver-Dosen zu hantieren und die Zwillinge langsam an eine gemeinsame Marke zu gewöhnen.

Das Chaos ist mit kleinen Zwillingen in der ersten Zeit ohnehin perfekt, Sie benötigen wirklich keine von außen eingebrachten Komplikationen.

Fütterungstechniken

Wenn es um die Methodik des Fütterns mit der Flasche geht, ist es aus Gründen der Zeitersparnis natürlich anzuraten, Zwillinge parallel zu füttern. Um dies realisieren zu können, müssen die Säuglinge erst einmal in ihrem Essrhythmus gleichgeschaltet werden. Wecken Sie also den „Langschläfer", wenn das erste Kind Hunger anmeldet. In der Regel dauert es nur wenige Tage, bis Zwillinge „synchron" laufen.

Zum Füttern legen Sie die Kinder am besten in ihre Wippen oder stützen Sie sie im Bett mit Kissen ab. Bei gut trinkenden Säuglingen bereitet paralleles Füttern keine großen Schwierigkeiten, sieht man einmal davon ab, dass die Kinder nicht zärtlich von Ihnen im Arm gehalten werden können und Ihre Körpernähe vermissen müssen.

Es gibt jedoch auch physische Gründe, die das gleichzeitige Füttern der Zwillinge erschweren, ja sogar unmöglich machen können.

So ist es für die Eltern höchst unbequem, 30 Minuten oder noch länger mit einer recht unnatürlichen Armhaltung dazusitzen und in dieser Stellung auszuharren, bis die Fläschchen leergetrunken sind. Man muss wohl Yoga beherrschen, um diese Prozedur unbeschadet zu überstehen. Mein Mann und ich hatten jedenfalls anschließend immer Mühe, unsere Gelenke wieder gerade zu biegen.

Wichtiger als das elterliche Wohl ist aber der Umstand, dass Säuglinge, die ohnehin nur sehr lustlos trinken, bei der parallelen Fütterung dazu neigen, das Trinken völlig einzustellen. Ich schreibe auch dies aus eigener Erfahrung. Während unser Erstgeborener sehr zügig trank, dauerte es bei unserem „Zweiten" oftmals 40 Minuten, bis er die Flasche geleert hatte. Er trank meist kraftlos und musste ständig animiert werden, doch noch ein bisschen zu nuckeln. Unsere seltenen Versuche, den Zwillingen gleichzeitig ihr Fläschchen zu geben, um etwas Zeit zu sparen, scheiterte stets an seiner totalen Nahrungsverweigerung. Wir fütterten unsere Kinder daher in den allermeisten Fällen nacheinander, widmeten uns jedem Kind ganz.

Es spielte sich recht rasch ein, den besser trinkenden „großen" Bruder zuerst abzufüttern. So musste der andere Zwilling nicht so lange warten, wie es bei der umgekehrten Reihenfolge der Fall gewesen wäre.

Es gibt für das Füttern von Zwillingen kein Patentrezept, das allgemeine Gültigkeit beanspruchen dürfte. Jedes Pärchen hat andere Eigenarten, jedes Elternpaar entwickelt eigene Methoden. Sicherlich werden auch Sie bald die individuellen Bedürfnisse Ihrer Zwillinge erkennen und Ihre Fütterungstechnik daran orientieren können.

Wie man Zwillingen im Alltag gerecht wird...

Als unsere Zwillinge etwa 16 Monate alt waren, besuchte ich mit ihnen zum ersten Mal eine flüchtige Bekannte. Da ihr eigener kleiner Sohn gerade schlief, spielte die junge Frau erst einige Zeit sehr lieb mit unseren Kindern, bemerkte dann aber nach einer halben Stunde reichlich hilflos: „Meine Güte, das ist ja fürchterlich! Ich habe ständig das Gefühl, einen Zwilling zu vernachlässigen. Spiele ich mit dem einen, versuche ich sofort, dem anderen

Zwilling auch etwas Nettes zu sagen, damit er sich nicht zurückgesetzt fühlt. Wie machen Sie das denn zu Hause?"
Ja, wie macht man das zu Hause? Es ist sicherlich die Angst aller Zwillingseltern, den Kindern nicht gerecht zu werden. Diese Sorge äußert sich einmal mehr, einmal weniger, ist aber stets vorhanden. Und sie äußert sich bei Zwillingseltern in besonderem Maße. Denn beide Kinder befinden sich ja im selben Entwicklungsstadium, beide sind gleichermaßen auf die Hilfe und Zuwendung der Erwachsenen angewiesen.
Doch was heißt eigentlich „gerecht"?
Zunächst bedeutet es natürlich, die Ansprüche beider Kinder zu erfüllen, ihnen so viel Aufmerksamkeit zu schenken wie irgend möglich. Schließlich müssen sich Zwillinge Ihre elterliche Fürsorge ständig teilen und dies unter Bedingungen, unter denen Ihnen durch die mit den Kindern verbundene Arbeitsbelastung ohnehin recht wenig Zeit zur Verfügung steht. Ein Zwilling kommt nur selten alleine in den Genuss seiner Eltern. Dieser Umstand wird ja zusätzlich durch die für den reibungslosen Tagesablauf wünschenswerte Synchronisation der Schlaf- und Essbedürfnisse gefördert.
Meist gilt es also, sich gegen den stets anwesenden „Konkurrenten" zu behaupten. Wer da meint, Zwillinge empfänden keine Rivalität, der irrt. Das Argument, die Kinder wären es (anders als ein Einzelkind, das plötzlich mit einem Geschwister konfrontiert wird) von Anfang an gewöhnt, die Zuwendung der Eltern teilen zu müssen, stimmt nur bedingt. Sicherlich empfindet ein kleiner Zwilling diese Teilung vermutlich nicht so schmerzlich und bewusst wie ein abrupt aus seiner Kronprinzenrolle verdrängtes Einzelkind. Doch wachen auch kleine Zwillinge streng darüber, dass sie „gerecht" behandelt werden. Kaum können sie krabbeln, beginnen sie auch schon, das auf Mutters Schoß sitzende Geschwister herunterstoßen zu wollen, um selber den „Thron" zu erklimmen. Manchmal hat man das Gefühl, auch Mama und

Papa seien Spielzeug, das in dem Moment interessant wird, wo ein anderer damit „spielt". Der ausgeprägte Gerechtigkeitssinn entspricht hier wohl mehr der Unfähigkeit, teilen zu können. Alles wird für sich selbst beansprucht.

Unsere Zwillinge waren so zum Beispiel lange nicht in der Lage, sich mit mir zusammen ein Bilderbuch anzuschauen. Jedes Kind wollte, dass ich ihm ganz alleine die Bilder erkläre, der hinzugekommene Bruder wurde sofort angegriffen und weggedrängt. Erst mit etwa 14 Monaten entwickelten die Zwillinge Fähigkeiten wie Teilen und Verzichten. Schmuste ich im ersten Lebensjahr meist mit beiden Kindern zugleich nach dem Prinzip „ein Küsschen hier, ein Küsschen dort", ging bald darauf der Trend immer mehr dorthin, dass ein Zwilling sich zurückzog, sobald das Geschwister mit Mama oder Papa kuschelte. Erst wenn der Platz neben den Eltern wieder frei war, kam auch das zweite Kind und holte sich sein „Recht". Die Zeiten, in denen beide Zwillinge zugleich an Mama wie die Kletten hingen, waren vorbei. Jedes Kind wollte uns nun ganz für sich alleine, verzichtete lieber auf halbe Sachen und wartete, bis wir ihm die volle Aufmerksamkeit schenken konnten.

Vieles der geteilten elterlichen Fürsorge kompensieren Zwillinge durch gegenseitige Zuwendungen. Das fängt bei der legendären Geheimsprache an, mit deren Hilfe sie sich untereinander verständigen, lange bevor wir Erwachsenen in den Genuss sinnvoller Worte kommen. Bereits mit etwa 9 Monaten beginnen Zwillinge, sich zusammen königlich zu amüsieren. Sie plappern und lachen, dass es für den Betrachter der Szene eine wahre Freude ist. Nur, was die Zwillinge so lächerlich finden, das bleibt einem natürlich verborgen, das bleibt „Zwillingsgeheimnis".

Sobald die Zwillinge durch Krabbeln und Laufen eine gewisse Mobilität erreichen, kommen Fangen- und Versteckenspiele hinzu. Sie können als Erwachsener ruhig danebenstehen, Sie werden ohnehin ignoriert. Es gibt sogar Zeiten, da vermitteln

bereits einjährige Zwillinge den Eltern das Gefühl, unerwünschte
Eindringlinge in ihrer „Intimsphäre" zu sein.
Zwillinge beglücken sich gegenseitig mit Streicheleinheiten und
Prügel. Zumindest leiden sie wirklich nie unter dem Gefühl, alleine zu sein. Zwillingseltern können unendlich viele Alltagssitua-
tionen schildern, an denen man merkt, wie sehr kleine Zwillinge
aneinander hängen. Ja, Zwillinge werden sogar oft regelrecht
unruhig, sobald das Geschwister längere Zeit abwesend ist und
können die – nun endlich einmal ungeteilten – Zuwendungen
der Eltern kaum in vollen Zügen genießen.
Die Angst, Zwillingen nicht gerecht zu werden, da das einzelne
Kind zu wenig elterliche Fürsorge erhält, ist unter normalen Umständen daher eigentlich unbegründet. Was ihnen durch ihr
doppeltes Vorhandensein an Zuwendungen entgeht, holen sie
sich durch ihr doppeltes Vorhandensein sicherlich im gleichen
Maße zurück.
Schließlich hat man als Zwilling das seltene Glück, von Anbeginn
an neben den Eltern immer einen gleichaltrigen Gefährten zur

Seite zu haben, während ein Einzelgeborenes im Alltag „lediglich" seine Eltern oder ältere Geschwister als Bezugspersonen aufweisen kann. Es ist in diesem Zusammenhang interessant, dass Zwillinge sich seltener als Einzelgeborene ein Stofftier oder eine Puppe zum ständigen Begleiter wählen. Beim Zwilling wird dieses „Amt" der Schmusepuppe, ohne die man nicht essen und nicht ins Bett und aus dem Haus gehen kann, voll vom anderen Geschwister übernommen.

Doch Zwillingen „gerecht" zu werden beinhaltet nicht nur diese mehr zeitlichen Aspekte der elterlichen Zuwendung. Es bedeutet vor allen Dingen, dem einzelnen Zwilling persönliche Freiräume zu lassen, seine Bedürfnisse und Fähigkeiten zu erkennen und zu fördern. Das ist manchmal wesentlich schwieriger, als mit beiden Kindern zu gerecht umzugehen, indem man Zwillinge kurzerhand „über einen Kamm schert", und Eigenarten des einzelnen Kindes ignoriert oder sogar, aus Gleichmacherei, unterdrückt. Diese Art der gerechten Behandlung ist eben nicht damit erfüllt, beiden Kindern immer gleich viel Zeit zu widmen oder genau

das Gleiche zu schenken. Es gehört viel mehr dazu, die individuellen Eigenarten der Kinder zu registrieren und zu akzeptieren.
Auch eineiige Zwillinge sind in ihren Bedürfnissen selten gleich,
sondern weisen charakterliche Unterschiede auf, auf die es einzugehen gilt. Während es jedoch den Eltern zweieiiger Zwillinge
leichter fällt, Unterschiede im Verhalten der Kinder gelten zu lassen, neigen gerade Eltern eineiiger Zwillinge manchmal dazu,
solche differenzierenden Neigungen ihrer Kinder zu übergehen.
Die Umwelt fordert den identischen Zwilling, also soll sie ihn bis
in die letzte Einzelheit haben. Es ist ja auch bezeichnend, dass
die Medien in den allermeisten Fällen nur die Gemeinsamkeiten
eineiiger Zwillinge zur Schau stellen. Diese werden bestaunt und
bewundert, Unterschiede interessieren die Öffentlichkeit nicht.
Im Gegenteil, man will sie nicht registrieren, der „Zwillingsmy-
thos" soll erhalten bleiben.
Viele Zwillingseltern finden es dagegen sogar sehr reizvoll, unterschiedlich veranlagte Kinder zu haben. Es ist immer wieder faszi-
nierend zu beobachten, auf welch verschiedene Art und Weise
Zwillinge ihre Welt erobern und auf bestimmte Situationen reagieren. Unterschiedliche Charaktere erleichtern es Zwillingseltern
außerdem, zu jedem Kind eine ganz eigene Beziehung auszubil-
den. Auch das trägt dazu bei, dem einzelnen Zwilling gerecht zu
werden, ihn als eigenständige Persönlichkeit anzuerkennen.
Aber selbst wer alle seine Zeit den Kindern widmet und ihre Ansprüche so gut es geht erfüllt, hat dennoch oftmals den Eindruck, seinen kleinen Zwillingen im Alltag nicht vollends gerecht
werden zu können. Dieses Gefühl entspringt sicherlich der Liebe
zu den Kindern. Man will beiden Kindern das Bestmögliche
geben und hat Angst, dieser Anforderung nicht gewachsen zu
sein. Es ist für Sie als Zwillingseltern wichtig, diese Sorge nicht
überzubewerten. Eine allzu gerechte Haltung gegenüber den
Kindern wirkt oft verkrampft, gerade kleine Kinder haben dafür
ein ausgeprägtes Gespür. Sie empfinden es unter diesen Um-

ständen denn auch als besonders gravierend, sobald sie aus irgendwelchen Gründen einmal nicht gleichbehandelt werden können oder sollen. Aus dem Gewohnheitsrecht wird sehr schnell der kompromisslose Anspruch auf Gerechtigkeit.

Lassen Sie im Umgang mit Ihren Kindern daher lieber der Spontaneität freien Lauf. Durch dieses „Zufallsprinzip" erfahren die Kinder mit Sicherheit eine ihren Bedürfnissen entsprechende Behandlung. Jeder kommt in dem Augenblick in den Genuss Ihrer Aufmerksamkeit, in dem er sie benötigt.

... ohne dabei die Nerven zu ruinieren

Auf Ihren Spazierfahrten mit doppeltem Nachwuchs werden Sie bestimmt immer wieder auf Einlingsmütter treffen, die beim Anblick der Zwillinge entsetzt aufstöhnen: „Oje, wenn ich mir vorstelle, mein Kind zweimal – das wäre ja nicht auszuhalten!"

Zwillingseltern beschreiben ihre Kinder dagegen in den allermeisten Fällen als recht lieb und unkompliziert. Natürlich gibt es auch mit Zwillingen nicht selten Tage, an denen man das Gefühl nicht los wird, von verrückt gewordenen Tyrannen umlagert zu sein. Doch im Großen und Ganzen sind Zwillinge selten wesentlich strapaziöser als ein Kind und meist sogar leichter zu erziehen, als zwei nacheinander geborene Geschwister.

Dass sie ihre Eltern nervlich kaum über das erträgliche Maß hinaus belasten, liegt zum einen sicherlich an ihrer „Zwillingsbezogenheit". Schon bald nachdem Zwillinge sich gegenseitig bewusst registrieren, gibt es immer wieder Zeiten am Tag, an denen sie unter sich sein wollen. Diese sind zugleich jene Phasen, die man als Mutter oder Vater nutzen kann, um einige Dinge im Haushalt zu erledigen, ohne ständig ein Kind am Hosenbein hängen zu haben. Einzelkinder sind da erheblich anstrengender. Sie erlauben es ihrer Mutter meist nur unter lautstarkem Protest, sich einige Meter von ihnen zu entfernen, um zu arbeiten.

Vor allen Dingen werden Zwillinge aber in der Regel strenger erzogen als einzelgeborene Kinder. Am besten beurteilen können dies natürlich Zwillingseltern, die bereits vor den Zwillingen Nachwuchs hatten. Solche Eltern bestätigen mir immer wieder, dass es aus reinem Selbstschutz gilt, die Freiräume von Zwillingen stärker einzugrenzen, als dies beim ersten Kind der Fall war. Lässt man es bei einem Kind rasch durchgehen, dass es den Hochstuhl zum Turngerät umfunktioniert, darin einfach nicht mehr stillsitzt und schließlich auf Mutters Schoß gefüttert werden muss, so ist dies bei Zwillingen nahezu undenkbar.

Sie können sich bei Zwillingen nicht so voll auf das einzelne Kind konzentrieren, wie das bei einem Einzelgeborenen der Fall wäre. Zwillinge müssen daher schon sehr früh lernen, dass nicht alles erlaubt ist, was gefällt. Je früher sie dies erfahren, umso leichter gelingt es ihnen, diesen Tatbestand zu akzeptieren. Es ist für sie letztlich sogar weniger problematisch als für ein Einzelkind, dem von seinen Eltern so lange alles erlaubt werden kann, bis entweder ein Geschwister zur Welt kommt oder die Umwelt beginnt, anfangs als drollig empfundene Angewohnheiten als Ungezogenheiten zu werten. Diese Kinder sind durch die für sie dann plötzlich bestehenden Grenzen und Verbote häufig irritiert.

Zwillinge werden also nicht brav geboren, sie werden brav „gemacht". Dies geschieht überwiegend unbewusst aus dem Gefühl heraus, sonst mit der Belastung, Zwillinge erziehen zu müssen, nicht fertig zu werden. Der elterliche Selbstschutz hat viele Formen. Das Bestreben, die Ess- und Schlafrhythmen kleiner Zwillinge zu synchronisieren, wurde ja bereits in vorangegangenen Kapiteln erwähnt. So sehr eine Reglementierung der kindlichen Bedürfnisse auch der modernen Erziehungslehre widersprechen mag, für Sie als Zwillingseltern ist sie nahezu unverzichtbar. Es gibt ohnehin durch Krankheiten und ähnliches noch genug Abweichungen von dieser Gleichschaltung. An solchen Tagen bleibt dann kaum eine Minute, in der Sie nicht wenigstens einen Zwilling um sich haben. Sie können im Haushalt nichts ohne Kind erledigen, geschweige denn, einmal ein paar Minuten für sich sein und abschalten.

Stunden, in denen beide Kinder schlafen, nutzen Sie in den ersten Wochen nach der Geburt tagsüber am besten, um dringend notwendige Dinge abzuwickeln oder selbst zu ruhen. In den Wachphasen beanspruchen neugeborene Zwillinge ihre Pflegeperson so vollständig, dass sie kaum mehr einen Augenblick Luft hat, um sich die Zähne zu putzen oder zur Toilette zu gehen. Allen von mir getroffenen Zwillingseltern war gemeinsam, dass sie die ersten vier Monate als die anstrengendste Zeit einstuften. Danach entspannt sich die Situation etwas, Eltern und Kinder haben zu ihrem Rhythmus gefunden, und auch die Nächte werden ruhiger. Jetzt sollten Sie beginnen, kleinere Hausarbeiten im Beisein Ihrer Kinder zu erledigen. Setzen Sie die Zwillinge in ihren Wippen zu sich oder lassen Sie sie auf dem Boden spielen. Dass Mutter arbeiten muss, ist etwas Selbstverständliches, die Kinder sollen das ruhig erleben. Wenn es anfangs nicht gleich so recht damit klappen will, dass Ihre Kinder eine arbeitende Mutter akzeptieren, lassen Sie sich bitte nicht entmutigen. Überhören Sie kleinere Unmutsäußerungen Ihres Nachwuchses einfach. Die Kinder müssen lernen, dass eine Mutter nicht 24 Stunden am Tag nur zum Schmusen und Spielen Zeit hat.

Singen Sie Ihren Zwillingen beim Abwaschen zur Besänftigung lieber kleine Liedchen vor, als Ihre Arbeit zu unterbrechen. Die Stimme ist ohnehin das wichtigste Hilfsmittel aller Zwillingseltern. Wo nur zwei Hände für zwei Kinder vorhanden sind, gilt es, fehlende Zuwendung durch Sprechen zu ersetzen. Manchmal glaubt man, den ganzen Tag ohne Unterlass gesprochen und gesungen zu haben. Sind es anfangs sanfte Töne, mit denen man versucht, das zweite, auf das Füttern oder Wickeln wartende Kind zu beruhigen, so erfüllt die Stimme mit steigender Mobilität und damit Unfugrate der Zwillinge immer mehr erzieheri-

sche Aufgaben. Es gibt genug Situationen, in denen Ihnen die Hände durch die Betreuung eines Zwillings so vollkommen gebunden sind, dass Sie den anderen im wahrsten Sinne des Wortes nur noch zur Ordnung rufen können.

Wenn Sie die Kinder als Mutter tagsüber alleine betreuen, werden Ihre Nerven besonders beim Wickeln, Füttern und Fertigmachen zum Spazierengehen stark beansprucht. Zu diesen Zeiten sind die Zwillinge auch meist nicht durch noch so süße Worte zu beschwichtigen. Das Gefühl der Wut und Aggression, das sich beim Anblick zweier brüllender Säuglinge rasch einstellt, beruht schlichtweg auf Ihrer Sorge, der Ihnen gestellten Aufgabe als Zwillingsmutter nicht gewachsen zu sein. Sie lieben Ihre Kinder, tun alles für sie, arbeiten nahezu rund um die Uhr, und was ist der Dank? Nur Nörgelei und Gebrüll. Es ist nur allzu normal, dass Sie die Ihnen widerfahrende Behandlung als im höchsten Maße ungerecht empfinden; Hilflosigkeit, Verzweiflung und Resignation ob des eigenen Versagens bringen Sie in dieser Situation jedoch keinen Schritt weiter. Atmen Sie lieber einmal tief durch und versuchen Sie, Ihre Arbeit schweigend zu Ende zu bringen. Spielen Sie den stummen Diener Ihrer Kinder. Im Allgemeinen bekommt man auf diese Weise die aus den Fugen geratenen Gefühle am ehesten wieder in den Griff. Da Sie noch nicht auf die Vernunft Ihrer Zwillinge hoffen können, müssen Sie vernünftig sein. Sie *haben* nur zwei Hände, Sie *können* jeweils nur ein Kind versorgen, also *muss* eines warten. Dass ihm dies nicht gefällt und es seinen Unmut brüllend äußert, ist normal. Sie sind also wirklich kein Versager, wenn bei Ihnen mehrmals am Tag das „brüllende Inferno" ausbricht.

In einem Haushalt mit kleinen Zwillingen zerren aber noch weitere Situationen an den Nerven der Eltern. Sobald die Kinder sich durch Robben und Krabbeln einander nähern können, beginnen die Streitigkeiten – in den allermeisten Fällen um Spielzeug. Kleine Zwillinge sind nur selten körperlich gleich weit entwickelt und so geht häufig der stärkere Zwilling als Sieger aus diesen Zweikämpfen hervor. Man ist als Zuschauer natürlich versucht, sich auf die Seite des armen, kleinen Verlierers zu schlagen. Doch Vorsicht! Allzu rasch gewöhnt sich ein solchermaßen bevorzugtes Kind daran, seine Position auszunutzen und beim kleinsten Angriff seines Geschwisters sofort nach Ihrer Unterstützung zu brüllen. Lassen Sie die Zwillinge daher ruhig alleine ihre Streitigkeiten austragen, und greifen Sie nur ein, wenn wirklich Gefahr besteht, dass eines der Kinder körperlichen Schaden nehmen könnte. Zwillinge müssen untereinander eine Rangfolge auskämpfen, je öfter Sie eingreifen, umso länger dauert dieser Prozess, und umso länger haben Sie Unruhe im Haus.

Machen Sie sich keine allzu großen Gedanken um Ihren „kleinen" Zwilling, er wird lernen, sich auf seine Weise zu behaupten. Körperlich unterlegene Zwillinge sind wendiger und entwickeln oft – wenn man sie lässt – ungemein geschickte Taktiken, um sich gegen den stärkeren Rivalen durchzusetzen. Beliebt ist es vor allen Dingen, Interesse an einem völlig unbedeutenden Gegenstand vorzutäuschen, bis ihn der stets habgierige Zwilling auch unbedingt haben will – und darüber das eigentlich heißbegehrte Spielzeug unbeachtet liegen lässt.

Eine einmal bestehende Rangfolge ist nicht auf ewig festgelegt. Immer dann, wenn der schwächere Zwilling neue Entwicklungsstufen durchläuft, sei es, dass er lernt, sich an Möbeln hochzuziehen oder zu laufen, kommt Bewegung ins Gefüge, die Kämpfe entbrennen aufs Neue. Auch Erkrankungen, unter denen nur der dominierende Zwilling leidet, führen häufig zum Machtwechsel. Sicherlich fällt es anfangs sehr schwer, nicht einzugreifen, wenn die Kinder sich streiten. Man hat ja schließlich auch immer die Vorstellung der vielgerühmten Harmonie unter Zwillingen im Hinterkopf. Als unsere Kinder begannen, ihre ersten Kämpfe auszutragen, fragte ich mich manchmal ernsthaft, was *ich* falsch mache, dass die beiden so wütend aufeinander losgehen. Ich gab mir die Schuld, anstatt zu erkennen, dass Streit zwischen kleinen Zwillingen das Normalste auf der Welt ist. Gespräche mit anderen Zwillingseltern, deren Nachwuchs sich ebenfalls nach allen Regeln der Kunst bekriegte, halfen mir jedoch, meine Einstellung zu ändern. Wie ein altes Ehepaar, so müssen wohl auch Zwillinge ihre Harmonie erst erarbeiten. Je älter Ihre Kinder werden, desto mehr verlagert sich Ihr Aufgabenbereich von der reinen Umsorgung hin zur Erziehung der Zwillinge. Kinder konsequent zu erziehen, erfordert viel Energie und Geduld, Eigenschaften, die gerade bei frischgebackenen Zwillingseltern Mangelware sind. Oft ist man einfach zu müde und abgespannt, um sich gegen die geballte Kraft der Kinder auflehnen zu können. Versuchen Sie trotzdem, Ihren Zwillingen gewisse Grenzen im Verhalten aufzuzeigen. Das ist sicherlich im Moment schwieriger als nachzugeben, macht sich aber auf die Dauer bezahlt.

Ich möchte das an einem kleinen Beispiel aus unserem eigenen Zwillingsalltag veranschaulichen. In der ersten Zeit war es für uns völlig selbstverständlich, Dinge, die unseren Kindern aus dem Hochstuhl fielen, wieder aufzuheben und ihnen zurückzugeben, damit das Gebrüll möglichst rasch aufhörte. Irgendwann merkten wir aber, mehr durch Zufall, dass die Gegenstände nicht mehr fielen, sondern geworfen wurden – und das sofort einsetzende Gebrüll war keineswegs Trauer über den Verlust, sondern galt einzig dem Zweck, uns zum Aufheben zu animieren. Die Zwillinge hatten uns dressiert. Als wir dies erkannten, führten wir die strikte Regel ein, jeden heruntergefallenen Gegenstand nur noch einmal aufzuheben und zurückzugeben. Das Gebrüll hätten Sie erleben müssen, als unsere Zwillinge merkten, dass die Eltern nicht mehr spurten. Wie oft waren wir versucht, den Kindern nachzugeben, um nur ja Ruhe zu haben. Doch unsere Standhaftigkeit hat sich gelohnt, nach etwa einer Woche akzeptierten die Kinder unser Verhalten, seitdem herrschte – zumindest in dieser Beziehung – Ruhe am Tisch.

Ein Gutteil der nervlichen Belastung für Zwillingseltern basiert allerdings nicht auf dem erhöhten Fürsorgeaufwand und der verdoppelten Erziehungsarbeit. Sie hat ihre Ursache vielmehr in der Sorge, eines der Kinder würde sich nicht normal entwickeln. Wie keinem anderen Elternpaar bietet sich Eltern von Zwillingen die Möglichkeit, Fortschritte ihrer Kinder direkt vergleichen zu können. Ausgelöst durch ein meist unterschiedliches Geburtsgewicht „hinkt" ein Zwilling häufig dem anderen in seiner Entwicklung zeitverschoben hinterher. Die Versuchung liegt nahe, dieses „Hinkebein" nun ständig ängstlich auf irgendwelche Anomalien hin zu beobachten. Natürlich ist es sinnvoll, die Kinder sorgsam im Auge zu behalten, um etwaige Abweichungen von der Norm rechtzeitig zu erkennen. Gerade bei Zwillingen treten ja aufgrund der engen Lage und einer eventuellen Unterversorgung mit Sauerstoff im Mutterleib vermehrt Haltungsschäden und Störungen im Bewegungsablauf auf. Gewarnt werden soll hier lediglich vor einem ständigen Vergleich.

Dies bezieht sich vor allen Dingen auch auf die von den Kindern zu sich genommenen Nahrungsmengen. Hier sollten Sie die an anderer Stelle angebrachte Konsequenz besser durch Nachsicht ersetzen. Zwingen Sie keines der Kinder zum Essen, Sie hätten ohnehin keinen Erfolg, würden aber sich und dem Kind das Leben schwer machen. Es gibt Kinder, die wesentlich weniger essen als Gleichaltrige. Trotzdem wachsen sie gut, wenngleich sie vielleicht nicht ganz so viel auf die Waage bringen. Der ideale Fütterungsmodus „ein Löffelchen hier, ein Löffelchen dort" wird von vielen Zwillingspärchen nicht akzeptiert und in „ein halbes Löffelchen hier, eineinhalb Löffelchen dort" abgewandelt. Wer sich unter diesen Umständen Sorgen macht, reagiert zwar verständlich, kann jedoch letztlich nichts an der Situation ändern. Vielleicht beruhigt es Sie ja, zu erfahren, dass auch viele einzelgeborene Kinder in den Augen ihrer Eltern zu wenig essen, und trotzdem erstaunlicherweise groß werden.

Als Zwillingseltern in jeder Lage die Nerven zu behalten, ist eine große Anforderung. Sie werden ihr vermutlich nicht immer gewachsen sein. Bevor Sie sich angesichts brüllender Säuglinge jedoch vergessen, verlassen Sie lieber das Zimmer für einige Minuten. Meist hilft diese kleine räumliche Distanz bereits, um das Allerschlimmste zu verhindern. Denken Sie daran, dass die Zeit für Sie arbeitet. „Schlimmer" als es jetzt ist, kann es eigentlich nicht mehr werden.

Unternehmungen mit Zwillingen

Auch wenn es Ihre Mobilität stark einschränkt, sollten Sie sich, was Unternehmungen betrifft, in den ersten Monaten nach der Geburt der Zwillinge soweit es eben geht an den Bedürfnissen der Kinder orientieren. Lärm, Hektik, große Menschenmengen sind nichts für Säuglinge. Und während bei Eltern, die mit nur einem Baby unterwegs sind, ein Elternteil ausreicht, das Kind nötigenfalls zu beruhigen, verlieren Zwillingseltern in dieser Situation sofort jede Handlungsfähigkeit.

Generell konnte ich in meinen Gesprächen mit anderen Zwillingseltern immer wieder feststellen, dass mit kleinen Zwillingen weniger unternommen wird als mit einem Kind – es ist vieles zu anstrengend. Natürlich hängt es auch bei den Unternehmungen mit Zwillingen in starkem Maße von der inneren Einstellung der Eltern ab, wie entnervend sie die Situation empfinden. Darüber hinaus quittiert nicht jedes Zwillingspärchen ungewohnte Umgebungen mit Gebrüll, manche Zwillinge genießen es sogar, mit den Eltern unterwegs zu sein und betragen sich mustergültig.

Viele Aktivitäten scheitern – besonders während der Woche, wenn die Mutter ihre Zwillinge allein zu betreuen hat – jedoch daran, dass durch etwaige Unternehmungen auftretende Betreuungsprobleme von einem Elternteil kaum zu bewältigen sind. Stellen Sie sich nur einmal vor, mit kleinen Zwillingen zum Säuglingsschwimmen zu fahren. Schon der Aufwand, zwei Säuglinge unter den meist unkomfortablen Bedingungen einer Badeanstalt auszuziehen und wieder anzukleiden, ist gewaltig, doch nahezu unmöglich wird Säuglingsschwimmen durch die Tatsache, dass Sie ja nur ein Kind im Wasser halten können.

Aber selbst alltäglichere Aktivitäten verlaufen mit kleinen Zwillingen derart anstrengend, dass man als Eltern hinterher nur noch ein „einmal und nie wieder" hauchen kann. Hierzu gehören in erster Linie Einkäufe mit der gesamten Familie. Wer einmal mit

Zwillingen versucht hat, für Papa einen Anzug zu kaufen, weiß, wovon ich schreibe. Da stürzen sich verzückte Verkäuferinnen und Kunden auf den Kinderwagen, halten die Eltern auf und erreichen es letztlich noch, dass selbst die freundlichsten Zwillinge anfangen zu weinen. Den genervten Eltern bleibt unter diesen Umständen häufig nur noch übrig, fluchtartig das Kaufhaus zu verlassen – natürlich ohne neuen Anzug.

Richten Sie es angesichts dieser düsteren Vision am besten so ein, dass Sie und Ihr Mann Ihre Besorgungen getrennt, ohne die Kinder, erledigen. Andere Unternehmungen sollten Sie allerdings gerade im Interesse Ihrer Zwillinge durchführen, oder sie lassen sich einfach nicht umgehen. Darauf möchte ich in den folgenden Kapiteln ausführlicher eingehen.

Der tägliche Spaziergang

Hier sollte das Motto „einmal und nie wieder" auf gar keinen Fall zum Tragen kommen, auch wenn Sie sich auf den häufig zu schmalen, vollgeparkten Bürgersteigen oftmals in derselben Situation wie Rollstuhlfahrer befinden – Sie sind schwerbehindert. Der tägliche Spaziergang ist jedoch ein unbedingtes Muss, er gehört zum Tagesablauf bei Wind, Wetter und Minusgraden. Spazieren fahren mit den Kindern bietet viele positive Aspekte. Zum einen ist es natürlich sehr wichtig, dass die Zwillinge an die frische Luft kommen, um sich gegen Krankheiten abzuhärten. Aber noch viel entscheidender ist für Sie als Zwillingseltern die himmlische Ruhe, die während der Spazierfahrten häufig im Kinderwagen herrscht. Man kann nach Spaziergängen regelrecht süchtig werden, ich schreibe dies nicht nur aus eigener Erfahrung. Eine Bekannte ging im ersten Jahr manchen Tag dreimal (!) mit ihren Zwillingen spazieren. „Wenn die Kinder zu Hause nur nörgelten und brüllten, mir die Decke auf den Kopf fiel und ich schon nahe daran war, die Nerven zu verlieren, habe ich die beiden in den Kinderwagen gepackt, und los ging's. Dann hatte ich

Ruhe, endlich Ruhe." Durch das Laufen und Schieben des Kinderwagens baut man einen Gutteil der aufgestauten Aggressionen ab, man fühlt sich hinterher wieder erholt, die Bewegung an der frischen Luft sorgt für einen klaren Kopf. Von nicht zu unterschätzendem Wert ist es überdies, auf den Spaziergängen junge Mütter zum Erfahrungsaustausch zu treffen, es müssen ja nicht unbedingt Zwillingsmütter sein.

Man merkt durch die Gespräche rasch, dass auch andere Frauen manchmal mit ihren Nerven am Ende zu sein scheinen, weil das Kind sie überfordert oder sie sich in ihrer Mutterrolle noch nicht zurechtfinden. Zwar weiß man das natürlich theoretisch. Doch wenn einem die Kinder den halben Tag die Nerven geraubt haben, verliert man schon einmal den Blick für die Realität und läuft Gefahr, nur noch die eigenen Probleme zu sehen. Da tut es gut, wieder sanft auf den Boden der Tatsachen zurückgeholt zu werden.

So viele Vorzüge das Spazierengehen mit Zwillingen jedoch auch aufzuweisen hat, es gibt leider eine, zumindest in Teilen, recht anstrengende Komponente dieser Unternehmung, auf die ich Sie hier bereits vorbereiten möchte: die Passanten. Kaum jemand bringt es fertig, an einem Zwillingskinderwagen vorbeizugehen, ohne einen oder mehrere Blicke hineinzuwerfen. Das mag sich für Sie nun noch ganz harmlos anhören, und tatsächlich empfindet man als Zwillingseltern anfangs eine gehörige Portion Stolz ob all des Interesses, das der eigenen Produktion entgegengebracht wird. Man genießt die Bewunderung durch die anderen Spaziergänger in vollen Zügen.

Doch irgendwann, wenn man bei der täglichen Spazierfahrt mehr steht als sich vorwärtsbewegt, wenn man beim Einkauf mit den Zwillingen vor lauter neugierigen Leuten kaum noch weiß, was man nun eigentlich besorgen wollte, fängt diese Anteilnahme an zu stören. Und es sind immer dieselben Fragen, die gestellt werden. „Sind es Jungs oder Mädchen?", „Wie alt sind

denn die beiden?", „Ach Gott ist das niedlich, aber die Arbeit!" usw. Manchmal ist man nahe daran, einen Zettel mit den häufigsten Standardantworten am Kinderwagen zu befestigen. Besonders ältere Herren geben dem Gespräch mit Bemerkungen wie „Gut gemacht, junger Mann" oder „Da kann Ihr Mann aber stolz sein" gerne noch eine pikante Note.

Im fortgeschrittenen Zwillingselternstadium fällt einem auch immer mehr auf, wie dreist manche Passanten die Befriedigung ihrer Neugierde regelrecht erzwingen. Da stellen sich Leute einfach in den Weg, so dass man sie umfahren müsste, um weiterzukommen und lächeln süßlich: „Ach Gottchen, Zwillinge, ja da muss ich doch mal gucken!" Das frechste, was meinem Mann und mir einmal passierte, war ein Herr(?), der sich breitbeinig vor unserem Kinderwagen aufbaute und in barschem Ton forderte: „Los, halten Sie mal an, ich will da rein schauen!" Wir haben ihn gewähren lassen, was soll's...

Lassen Sie sich – ebenso wie wir – bitte nicht durch Passanten dieser Kategorie die Freude an Ihrem täglichen Spaziergang mit den Zwillingen verderben. Versuchen Sie doch, selbst diesen Belästigungen noch eine amüsante Seite abzugewinnen. Sehen Sie hinter der ständigen Wiederholung der an Sie gestellten Fragen einmal nicht das Nervende, sondern das Interessante. Denn es ist doch wirklich erstaunlich, dass so viele verschiedene Passanten angesichts eines Zwillingskinderwagens derart stereotyp reagieren!

Mit Zwillingen zum Kinderarzt

Leider nicht zu umgehen sind Kinderarztbesuche. Bevor nicht wenigstens eines der Kinder laufen kann, ist grundsätzlich anzuraten, nicht alleine mit den Zwillingen den Kinderarzt aufzusuchen. Aber natürlich gibt es immer wieder Situationen, in denen man als Mutter oder Vater keine Unterstützung durch den Partner, eine Oma oder eine Bekannte erhalten kann, Kinder suchen sich ja gerne die ungünstigsten Augenblicke zum Krankwerden aus. Dann hilft nur eines – laufen Sie zu Ihrer persönlichen Höchstform auf (oder Sie bitten Ihren Kinderarzt, falls möglich, um einen Hausbesuch, das wäre natürlich die stressärmste Methode! Manche Ärzte kommen sogar zu den normalen Vorsorgeuntersuchungen nach Hause.)

Als einzelne Person ist man mit Zwillingen beim Arzt hinreichend beschäftigt. Das fängt schon damit an, beide Tragetaschen in die Praxis zu manövrieren. Hier können Sie in der Regel noch mit Unterstützung rechnen, irgendeine helfende Hand, die die Türen aufhält oder Ihnen eine Tasche abnimmt, findet sich meist. Problematischer wird es bereits, mit den quengelnden oder gar brüllenden Säuglingen im Wartezimmer zu sitzen. Nur selten kann jemand die Aufgabe mit Ihnen teilen, Ihre Zwillinge zu beruhigen. Zum einen reagieren Babys in ungewohnter Umgebung auf unbekannte Gesichter nicht gerade mit Freudenausbrüchen, zum anderen gibt man die eigenen zarten Pflänzchen ohnehin nur ungern in fremde Hände – wer weiß auch, warum diese Leute mit ihren Kindern beim Arzt sitzen. Bemühen Sie sich im Übrigen nicht allzu sehr, Ihre Kinder still zu halten, desto länger warten Sie meistens. Dem konzertanten Gebrüll aus kleinen Zwillingskehlen hält dagegen so leicht keine Sprechstundenhilfe stand. Mir ist es dreimal „gelungen", dass diese entnervte Person die anderen wartenden Patienten bat, mich mit meinen Kindern vorzulassen. Aus mir unbegreiflichen Gründen hatte niemand den geringsten Einwand...

Geradezu „dramatisch" wird es für eine einzelne Person jedoch erst, wenn sie mit den Zwillingen in das Behandlungszimmer gerufen worden ist. Mag das Ausziehen der Zwillinge noch recht friedlich vonstatten gehen, so ist spätestens beim Erscheinen des Arztes die Ruhe dahin. Kaum ein Säugling wird gerne untersucht. Während Einlingsmütter ihr Kind jedoch nach der Behandlung erst einmal auf den Arm nehmen können, es besänftigen und sich dabei in relativer Ruhe die Anweisungen des Arztes anhören, stehen Sie als Zwillingsmutter vor zwei erbärmlich brüllenden Würmchen und können im allerhöchsten Fall versuchen, ein Kind zu trösten. Doch selbst dieser Versuch fällt meist recht kümmerlich aus, da das andere Kind auf dem Arm des Arztes bzw. der Helferin seinen Zwilling immer wieder erneut zum Brüllen animiert. Und dann erst das Anziehen! Einfach schweißtreibend, selbst mitten im Winter.

Mir werden die glücklicherweise recht seltenen Arztbesuche dieses Typs in steter Erinnerung bleiben. Noch heute erscheint es mir wie ein kleines Wunder, dass ich meinem Mann abends auf die Frage, was der Arzt gesagt hätte, wenigstens eine halbwegs zufriedenstellende Antwort geben konnte.

Vor allem bei eineiigen Zwillingen, aber nicht nur bei diesen, sind Kinderärzte übrigens sehr daran interessiert, beide Kinder zu sehen, auch wenn nur ein Zwilling erkrankt sein sollte. Gerade bei infektiösen Krankheiten ist ein Arzt so häufig in der Lage, eine sich anbahnende Erkrankung des zweiten Zwillings im Keime zu ersticken.

Ebenso ist es bei Facharztbesuchen, die Sie eigentlich nur mit einem der Kinder zu absolvieren hätten, wichtig, den behandelnden Arzt zu informieren, dass er einen Zwilling vor sich hat. Das ist nicht nur von Bedeutung, um dem Arzt Anhaltspunkte zur verbesserten Diagnosestellung zu geben, z.B. bei den bei Zwillingen gehäuft auftretenden Haltungsschäden oder Kopfdeformationen. Vor allen Dingen wird ein derart unterrichteter Arzt, sofern er Verständnis für Ihre besondere Situation entwickelt, versuchen, bei einer eventuell zu verordnenden länger dauernden Behandlung Rücksicht auf die Durchführbarkeit seines Therapieplanes zu nehmen.

Wenn dem Arzt solches Einfühlungsvermögen fehlen sollte, helfen Sie am besten etwas nach. Manches Mal benötigt man allerdings eine gehörige Portion Durchsetzungsvermögen, um etwaigen Halbgöttern in Weiß Paroli zu bieten. So konnten mein Mann und ich einen Chirurgen, der den Leistenbruch unseres Zweitgeborenen zu operieren hatte, erst nach einigem Hin und Her davon überzeugen, dass eine stationäre Aufnahme des vier Monate alten Kindes für uns als Zwillingseltern keineswegs die beste Lösung sei. Der Arzt hielt gerade den Zwillingsbruder für ein Argument, unseren Sohn stationär zu behandeln. Er nahm an, dass ich mich zu Hause unter diesen Umständen ja wohl kaum optimal um das frisch operierte Kind kümmern könne. Dennoch beharrten wir auf einer ambulanten Durchführung der Operation – und haben es nicht bereut. Im Gegenteil, schon als wir sahen, wie unser armes Würmchen brüllend aus dem OP gefahren wurde und niemand da war, um ihn zu beruhigen, waren wir heilfroh, unser Kind mit nach Hause nehmen zu dürfen. Doch als wir dann, kurz bevor wir den Heimweg antraten, die Stationsschwester nach besonderen Maßnahmen zur weiteren

Wundversorgung fragten, erhielten wir die uns restlos überzeugende Antwort: „Da brauchen Sie gar nichts zu machen. Wickeln Sie den Kleinen wie immer, nur baden dürfen Sie ihn die nächsten Tage nicht."

Sicherlich gibt es bei manchen Erkrankungen zwingende Gründe für einen Krankenhausaufenthalt, dagegen soll hier in keiner Weise zu Felde gezogen werden. Bei kleinen (Still-) Kindern besteht sogar die Möglichkeit, beide Kinder stationär aufzunehmen, damit die Mutter ständig im Krankenhaus bleiben kann (nicht gern gesehen, aber trotzdem machbar). Das kleine Beispiel aus unserem persönlichen Erfahrungsschatz sollte Ihnen nur verdeutlichen, dass nicht alles kritiklos hinzunehmen ist, was Ärzte vorschlagen. Sie als Zwillingseltern können immer noch am besten beurteilen, was in Ihrer Situation durchführbar ist. Versuchen Sie daher stets, zusammen mit dem Arzt einen für beide Seiten akzeptablen Kompromiss zu finden.

Davon können auch jene Eltern ein Lied singen, deren Zwillingen eine krankengymnastische Therapie verordnet wurde, und das sind nicht wenige. Gerade Zwillinge leiden ja aufgrund der im Mutterleib herrschenden Enge vermehrt an Haltungs- und Bewegungsstörungen, die es durch gymnastische Übungen zu beseitigen gilt. Krankengymnastiktermine arten ebenso wie Kinderarztbesuche in der überwiegenden Mehrzahl zu unvergesslichen Erlebnissen aus. Sie sind für Mutter und Kind eine Tortur. Dass es anders geht, zeigt die Erfahrung einer Zwillingsmutter, die, nachdem sie bereits sechs Termine völlig entnervt hinter sich gebracht hatte, durch ein längeres Gespräch mit der Krankengymnastin bewirken konnte, dass die noch verbliebenen Termine in der elterlichen Wohnung wahrgenommen wurden. Nicht nur, dass der Mutter auf diese Weise das anstrengende Hin und Her mit den Kindern erspart blieb, auch die Zwillinge gaben sich bei den Übungen in der häuslichen Atmosphäre wesentlich unverkrampfter als dies vorher der Fall gewesen war.

Ich möchte Sie aus diesem recht unerfreulichen Kapitel, vor dem man nun einmal als Eltern kleiner Kinder leider nicht die Augen verschließen kann, nicht mit allzu trüben Gedanken entlassen. Vielleicht heitert Sie ja jene kleine Anekdote auf, die unser erster Kinderarzt einmal zum Besten gab, als ich mich bei ihm für unsere stereobrüllenden Säuglinge entschuldigte. „Ach", meinte er schmunzelnd, „in diesem Alter sind sie ja noch harmlos. Aber kürzlich musste ich einem vierjährigen Zwilling eine Spritze geben. Der brüllte natürlich los, und ehe ich mich versah, trat mir der andere Zwilling in den Hintern, wobei er mich zornig anfauchte: ‚Du sollst meinem Bruder nicht weh tun!'"
Sie sehen, nicht nur wir Zwillingseltern haben manchmal unsere liebe Not mit den Besonderheiten einer Zwillingsgemeinschaft...

Mit Zwillingen zum Krabbelkreis?

Ich kann Ihnen, nach all dem, was ich gehört habe, eigentlich nur raten, es einfach einmal auszuprobieren, mit Ihren Zwillingen einen Krabbelkreis oder ähnliches aufzusuchen.
Wie bei kaum einem anderen Thema äußerten hier die von mir befragten Zwillingseltern extrem verschiedene Meinungen. Während die einen mit Krabbelkreisen sehr gute Erfahrungen machen konnten, stöhnten andere schon bei Erwähnung dieses Wortes entsetzt auf. Ein nicht unerheblicher Teil stellte den Sinn solcher Krabbel- oder Spielkreise für Zwillinge sogar in Frage.
Das Grundproblem ist zunächst einmal wieder dasselbe wie bei allen anderen Aktivitäten, die Sie als Mutter mit Ihren Zwillingen unternehmen. Sie können sich jeweils nur auf eines der Kinder konzentrieren, das andere ist auf fremde Hilfe angewiesen, die es gerade in fremder Umgebung oft mit Brüllen quittiert. Ich selber muss gestehen, dass ich im ersten Lebensjahr unserer Zwillinge an diesem Problem gescheitert bin. Es war mir einfach unmöglich, auch nur eine Freundin mit den Kindern zu besuchen. Bei meinen wenigen Versuchen trat ich jedes Mal nach einer halben

Stunde wieder den Heimweg an, das Geheule der Kinder war unerträglich. Erst mit gut 10 Monaten, als unsere Zwillinge zu krabbeln begannen und überdies mit Spielzeug schon einiges anzufangen wussten, wurden meine Besuche bei Freunden und Bekannten immer erfreulicher und stressärmer. Und bald darauf bestand das größte Problem darin, die Kinder von dort wieder fortzubekommen.

Doch zurück zum Krabbelkreis und seinem Nachfolgemodell, dem Spielkreis. Wie eingangs schon angedeutet, äußerten mir gegenüber manche Zwillingseltern die Ansicht, dass diese Einrichtungen für ihre Kinder überflüssig wären, Zwillinge hätten ohnehin immer einen gleichaltrigen Spielgefährten um sich und würden das Spielen mit anderen Kindern nicht vermissen. Es ist sicherlich richtig, dass Zwillinge sich in dieser Hinsicht in einer besonders glücklichen Lage befinden. Zusammen über Tisch und Stühle zu toben oder gemeinsam versunken mit Bauklötzchen zu spielen, ist ebenso Zwillingsalltag wie wilde Streitereien oder lange Unterhaltungen in der vielen Zwillingen eigenen Geheimsprache. Zwillinge sind sich unendlich vertraut.

Doch gerade darin verbirgt sich auch das Einengende einer Zwillingsgemeinschaft. Die Spielsituationen sind häufig eingefahren, die Rollenverteilung ist festgelegt. Von anderen Kindern eingebrachte neue Impulse sind daher wichtig – auch wenn Zwillinge darauf in den allermeisten Fällen anfangs reichlich verstört reagieren, weil das bestehende Gleichgewicht in Gefahr gerät. Besonders das in der Zwillingsgemeinschaft tonangebende Kind hat in einer Gruppe anderer Kinder häufig Probleme zu akzeptieren, dass es nicht, wie sonst zu Hause, stets der Triumphator ist. Einmal wurde unserem Erstgeborenen in dieser Hinsicht von einem gleichaltrigen Mädchen der Kopf zurechtgerückt. Es war für uns Eltern herzzerreißend mitanzusehen, wie er sich verzweifelt gegen alle Tricks und Kniffe zu wehren versuchte, die die Kleine zum Einsatz brachte. Unser Zweitgeborener guckte der ganzen Angelegenheit aus sicherer Entfernung eher fasziniert zu. Ob er es genoss, dass sein Bruder endlich einmal seinen Meister gefunden hatte, war leider nicht zu ermitteln.

Soweit es für Sie durchführbar ist, sollten Sie es Ihren Zwillingen ermöglichen, Erfahrungen in Spielkreisen zu sammeln. Wenn Ihr erster Versuch scheiterte, weil die Kinder noch zu jung und damit zu sehr auf Ihre Fürsorge angewiesen waren, probieren Sie es eben in vier oder acht Wochen noch einmal. Lassen Sie sich bitte nicht allzu schnell entmutigen. Schließlich ist solch ein Krabbel- oder Spielkreis nicht nur für Ihre Kinder, sondern auch für Sie als Mutter eine Abwechslung im täglichen Einerlei, auf die Sie nicht so ohne weiteres verzichten sollten.

Zwillinge – die doppelte Entthronung des älteren Geschwisters

Ist es für ein Kind schon schwer genug, von einem jüngeren Geschwister aus seinem Einzelkinddasein verdrängt zu werden, so bedeuten Zwillinge für das innere Gleichgewicht eine arge Belastung. Zuerst mag es ja noch ganz interessant sein, kleine Zwillinge als Geschwister zu haben, und stolz läuft man als großer Bruder oder große Schwester neben dem Kinderwagen her. Doch ist erst einmal der Reiz des Neuen vorbei, bleibt für solch ein ehemaliges Einzelkind nur noch die ernüchternde Erkenntnis, endgültig nicht mehr der Mittelpunkt der nun recht großen Familie zu sein. Mama, Papa, Omas, Opas und die Leute auf der Straße, alle haben plötzlich nur noch Augen für die Zwillinge, alles dreht sich nur noch um zwei schreiende, verschrumpelte Würmer, mit denen man absolut nichts anfangen kann. So etwas tut weh. Dabei hatte man sich doch sooo auf die Geschwister gefreut...

Dass ein derart an die Wand gedrängtes Kind versucht, die Aufmerksamkeit wenigstens wieder etwas auf sich zu lenken, ist nur selbstverständlich. Und wie löst man dieses Problem aus kindlicher Sicht am besten? Man kümmert sich ebenfalls um die Zwillinge – auf seine Weise. Je mehr man die Säuglinge traktiert, desto mehr schimpfen alle mit einem. Diese Art der Zuwendung ist immer noch besser als brav, aber unbeachtet in der Ecke zu sitzen. Viele Zwillingseltern können ein Lied davon singen, wie rau ältere Geschwister mit den Zwillingen umgehen, offenbar nur, um zurechtgewiesen zu werden. Besonders ausgeprägt ist dieses Verhalten häufig, wenn Besuch kommt, der – wie kann es anders sein – wieder einmal nur für die Zwillinge Interesse zeigt. Wie man seinem ältesten Kind in dieser Situation helfen kann, kommt auf den Einzelfall an. Es gibt, wie bei so vielem in der Kindererziehung, auch hier kein Patentrezept. Eltern sind überfordert, wenn sie dem Kind so viel Zuwendung wie vor der Geburt der Zwillinge schenken wollen. Versuchen Sie trotzdem, die Bedürfnisse dieses Kindes nicht vollkommen zu verdrängen. Ein Samstagnachmittag mit Mama im Zoo, während Papa zu Hause die Zwillinge versorgt, kann Wunder wirken. So hat das Kind wenigstens ein Elternteil einige Zeit ganz für sich alleine – wie früher. Vielleicht versorgen ja sogar Oma und Opa ab und zu einmal die Zwillinge, damit Sie mit dem ältesten Sprössling etwas unternehmen können, was sonst durch die Umstände, die Zwillinge mit sich bringen, unmöglich wäre. Schön wäre es überdies, wenn sich Ihr Besuch dahingehend überzeugen ließe, dass auch das ältere Kind gerne ein paar liebe Worte hört oder es schätzen würde, wenn man eine Runde „Memory" mit ihm spielte. Dem Kind Zeit zu schenken ist wesentlich sinnvoller als ihm irgendwelches Spielzeug mitzubringen, mit dem es dann doch nur wieder alleine in der Ecke säße.

Sollte Ihr erstes Kind schon vier oder fünf Jahre alt sein, können Sie auch versuchen, ihm kleinere Ämter zu übertragen und es auf diese Weise in die durch die Geburt der Zwillinge neu entstandene Situation zu integrieren. Achten Sie jedoch darauf, dass die anfängliche Freude, mithelfen zu dürfen, nicht in Frustration umschlägt. Die übernommenen Aufgaben dürfen weder in Zwang ausarten noch das Kind überbeanspruchen. Vor allen Dingen müssen sie unmittelbar mit der Versorgung der Zwillinge in Zusammenhang stehen, wie etwa einem der Zwillinge die Flasche halten zu dürfen. Was nutzt es dem Kind, für Sie Einkäufe zu erledigen, es will ja mit Ihnen zusammen sein.

Vielleicht helfen Ihnen diese kleinen Anregungen ein wenig, Ihrem so plötzlich „entwöhnten" Kind den Einstieg in die Rolle des großen Geschwisters zu erleichtern. Komplikationslos wird dieser Prozess sicherlich nicht ablaufen, dafür ist es einfach zu schmerzhaft, nicht mehr alleiniger Dreh- und Angelpunkt der Familie zu sein.

Unsere Zwillinge – eine ganz persönliche Schilderung

Als ich meinem Mann Rainer erzählte, dass ich an den Schluss des Buches ein Kapitel über unsere Zwillinge fügen wollte, fragte er im ersten Moment recht ernüchternd: „Warum?"

Warum, ja das war mir eigentlich selber nicht so ganz klar. Vielleicht einfach aus dem Gefühl heraus, dass Ihnen, nach all den in den bisherigen Kapiteln eingestreuten Schilderungen aus unserem Zwillingsalltag, nun das Recht auf ein abgerundetes Bild unserer Familie zusteht. Vielleicht auch, um Ihnen die Möglichkeit zu geben, sich in bestimmten Situationen mit dem Gelesenen identifizieren zu können. Sicherlich aber, weil ich Sie nicht mit dem Eindruck aus den Zeilen dieses Buches entlassen will, von einer „Superzwillingsmutter" beraten worden zu sein. Im Gegenteil, ich wäre heilfroh, hätte ich genug Durchstehvermögen gehabt, wenigstens die Hälfte meiner guten Ratschläge im Alltag mit den Kindern zu verwirklichen.

Die Schwangerschaft

Von unserem doppelten Glück erfuhren Rainer und ich bereits in der 12. Schwangerschaftswoche. Ich war zwischen den Vorsorgeterminen zum Frauenarzt gegangen, weil ich starke Schmerzen im Kreuz- und Leistenbereich verspürte. Als die normale Untersuchung nichts Ungewöhnliches ergab, schlug mein Arzt, vor allen Dingen in Anbetracht meines sehr frühzeitig gerundeten Bäuchleins, eine Ultraschalluntersuchung vor. Tat's – und fand die Zwillinge.

Für mich war es ein großer Schock. Mein erster Gedanke, noch auf dem Behandlungsstuhl liegend, galt weder unseren beengten Wohnverhältnissen – 2½ Zimmer unter dem Dach – noch der auf mich zukommenden Belastung, sondern einzig der Doktorarbeit meines Mannes. Wie sollte er diese mit zwei kleinen Babys, die ihm Tag und Nacht die Ruhe rauben würden, fertig stellen? War schon die Schwangerschaft an sich nicht gerade geplant gewesen, so waren Zwillinge nun wirklich das Letzte, was wir brauchen konnten. Dachte ich. Anders mein geliebter, damals noch nicht, Gatte. Zwar fand auch er es ganz passend, dass zum Zeitpunkt der „Verkündigung" ein Schneesturm über der Stadt tobte, aber ansonsten freute er sich von Anfang an auf seinen Nachwuchs.

Bei mir dauerte der Verdauungsprozess drei Tage, dann fand auch ich Gefallen an meinen besonderen Umständen. Doch nur selten empfand ich meine Freude ungetrübt, oft ängstigte mich das Unbekannte, das nun unaufhaltsam auf mich zukam. Am wenigsten Sorgen machte ich mir noch um unsere beengten Wohnverhältnisse, es stand ohnehin fest, dass wir etwa ein halbes Jahr nach der Geburt eine neue Wohnung beziehen würden. Auch die Arbeitsbelastung schien mir nicht unüberwindbar zu sein, hatten doch Generationen vor uns Zwillinge ohne Waschmaschine, Höschenwindeln und Fertignahrung großgezogen. Zudem hatte ich von Anfang an das gute Gefühl, in dieser Hinsicht mit der Unterstützung Rainers rechnen zu können.

Von viel größerer Bedeutung war für mich, dass das Wort „Zwillinge" in meinen Gedanken alsbald zum Inbegriff für „finanziellen Ruin" wurde. Würden wir zwei Kinder finanziell verkraften? Rainer und ich beschlossen (ich muss sagen, es fiel uns sogar leicht), auf allen unnötigen Zierrat bei der Babyausstattung zu verzichten und uns auf das Wesentliche zu beschränken. Doch was war das Wesentliche für Zwillinge? Das war das erste Mal, dass in mir der Gedanke aufkam, später ein Buch zu schreiben, um anderen meine nun mühsam selbst gesammelten Erfahrungen weiterzugeben.

Am meisten aber ängstigte mich die Zwillingsschwangerschaft, deren Verlauf ich nicht einschätzen konnte. Wie strapaziös würde sie für mich sein? Wie viel würde ich zunehmen? Von allen Seiten hörte ich Schreckensgeschichten über Fehl- oder Frühgeburten sowie Schwangere, die monatelang zur Ruhigstellung im Krankenhaus lagen. Dass eine Zwillingsschwangerschaft auch ohne Komplikationen verlaufen und 40 Wochen dauern könne, schien mir schon bald höchst unwahrscheinlich. Auch mein Frauenarzt unternahm wenig, um mich vom Gegenteil zu überzeugen. Wie ich heute weiß, steckte dahinter allerdings seine Taktik, mich zum Einhalten seiner mir aufgetragenen Verhaltensmaßregeln zu bewegen.

An dieser Stelle muss ich meinem behandelnden Arzt einmal besondere Anerkennung zollen. Er behandelte uns von der Feststellung der Schwangerschaft bis zur Entlassung aus der Geburtsklinik, in der er Belegbetten hatte. Auch die Kaiserschnittoperation wurde von ihm vorgenommen. Ich fühlte mich bei ihm, von anfänglichen Schwierigkeiten einmal abgesehen, mit meinen Zwillingen in den besten Händen.

Am Ende des zweiten Schwangerschaftsmonats begann meine Leidenszeit. Meine Güte, war mir schlecht. Mehrmals am Tag, besonders morgens und abends, hing ich wechselweise schlaff im Bett oder über der Toilette. Da halfen auch die rührenden Bemühungen Rainers, mir das Leben so angenehm wie möglich zu gestalten, wenig. Außer dieser Übelkeit hatte ich keine gesundheitlichen Probleme. Keine Blutungen, keine vorzeitige Muttermundöffnung, nichts. Wenn nur diese Übelkeit nicht gewesen wäre!

Anfang des fünften Schwangerschaftsmonats flogen mein Mann und ich nach Teneriffa. Kaum gelandet, verschwand mein Unwohlsein (welch harmloser Ausdruck!) auf Nimmerwiedersehen. Gekrönt wurde unser Inselaufenthalt jedoch vom Spüren der ersten Bewegungen unserer Zwillinge. Sie waren zwar nur als ganz sanftes Kullern im Bauch wahrzunehmen, aber es waren unsere Kinder. Wir freuten uns riesig über diese Kontaktaufnahme. Vor allem Rainer war selig, als er seine Hand auf meinen Bauch gelegt hatte und das Kullern als leichtes Zucken auf seiner Handinnenfläche spürte. In diesem Moment verlor meine Schwangerschaft für ihn ein Gutteil ihres abstrakten Charakters.

Nach einem gemütlichen Urlaub kehrten wir erholt in die heimatlichen Gefilde zurück. Gestärkt begab ich mich auf Jagd nach Sonderangeboten, stöberte in second-hand-Läden und suchte die Anzeigenseiten der Tageszeitung nach passenden Annoncen durch. Doch je mehr sich mein Bauch rundete, desto anstrengender wurden die Einkaufstouren, mein Aktionsradius verringerte sich zusehends. So waren wir froh, im 7. Monat die Zwillingsausstattung komplett zu haben.

Auch der Klinikkoffer stand zu diesem Zeitpunkt bereits gepackt in der Ecke. Meine ständige Sorge galt einer eventuellen Frühgeburt. Doch alle Vorsorgetermine lieferten erfreuliche Ergebnisse, die Schwangerschaft verlief ideal, sieht man einmal von erhöhtem Blutdruck sowie ödematisierten Händen und Füßen – vor allem bei heißem Wetter – ab.

Schon früh stand fest, dass die Zwillinge durch Kaiserschnitt geholt werden müssten, die vorliegende Querlage der Kinder ließ diesen Eingriff notwendig werden. Aus diesem Grunde sparte ich mir, ich gestehe es ohne Reue, den Geburtsvorbereitungskursus. Was sollten mir Übungen zum Überatmen der Wehen nützen, wenn ich unter Narkose entbinden würde.

Ein Schwangerschaftsgymnastikkurs machte mir dagegen viel Spaß, und in den ersten Monaten gingen Rainer und ich zweimal pro Woche Schwimmen. Doch irgendwann stellte sich bei mir eine unüberwindliche Abneigung dagegen ein, mit meinem dicken Bauch ins Wasser zu gehen. Von da an trieb ich während der Schwangerschaft keinen Sport mehr.

Von sehr großem Nutzen war für uns im Umgang mit Säuglingen vollständig Unerfahrene der Säuglingspflegekurs, wenngleich wir uns speziell für die uns bevorstehende Situation als

Zwillingseltern etwas mehr Ratschläge erwartet hatten. Doch da konnte die Kursleiterin leider auch nicht weiterhelfen.

Wir wünschten uns zwei Jungen, am liebsten eineiig. Wir sprachen die Ungeborenen in meinem Bauch sehr häufig mit „Fritz" und „Franz" an, es waren sozusagen die Produktionsnamen unserer Zwillinge. Auch ein gemischtes Doppel wäre noch akzeptiert worden, eine regelrechte Aversion entwickelte ich jedoch gegen den Gedanken, in meinem Bauch könnten zwei Mädchen heranwachsen. – Besagter Bauch wurde immer runder, obwohl „rund" eigentlich nicht so ganz der richtige Ausdruck ist, „oval mit einigen Ecken" trifft die Sache wohl eher. Diese Ecken bewegten sich zu manchen Tageszeiten recht heftig und gaben mir das Gefühl, Schlagzeuger auszutragen. Da knuffte und puffte es, was die Bauchdecke hielt, besonders gegen Abend war Probe angesagt. Was war aus dem einstigen sanften Kullern nur geworden!

Mein Mann arbeitete während der Schwangerschaft konzentriert an der Fertigstellung seiner Doktorarbeit. Er hatte sich beizeiten das Ziel gesteckt, die Arbeit noch vor der Entbindung einzureichen, um sich nach der Geburt der Zwillinge ausreichend um seine Familie kümmern zu können. Es wurde ein Wettlauf mit der Zeit. Dies wurde uns umso mehr bewusst, je rascher die Vorsorgetermine nun aufeinander folgten. In den letzten Wochen vor der Entbindung wurde ich wöchentlich zum „CTG" bestellt, für eines der Ungeborenen bestand die Gefahr, unterversorgt zu werden. Während vom größeren Kind stets optimale Messergebnisse vorlagen, schwankten die Werte des kleineren Ungeborenen um den kritischen Grenzbereich. Wir machten uns viele Sorgen um unsere Zwillinge, jeder Termin wurde gewissenhaft wahrgenommen, und schließlich war mir sogar das Geschlecht der Zwillinge so ziemlich egal – nur gesund sollten sie sein!! Ich ging immer mit dem Gefühl in die Arztpraxis, von dort aus gleich in die Klinik transportiert werden zu müssen. Und wie horchten Rainer und ich auf die Herztöne, wenn die Sonden auf meiner Bauchdecke befestigt waren! Jede Unregelmäßigkeit ängstigte uns. Letztlich gaben die Messergebnisse aber keinen Anlass, die Schwangerschaft vorzeitig beenden zu müssen.

Die Geburt

Rainer gewann den Wettlauf mit der Zeit. Am 1. Juli gab er seine Doktorarbeit ab, am 2. Juli schob man mich zur geplanten Kaiserschnittentbindung in den Operationssaal. Ich war in der 39. Woche schwanger.

8.10 Uhr: Philipp, 2550 g schwer und 49 cm lang,
8.12 Uhr: Bernhard, 2100 g leicht und 46 cm kurz.

Als ich zwei Stunden nach der Entbindung aus der Narkose erwachte, brachte mir als erster Rainer die Nachricht von unseren zwei Jungen an das Bett. Schon kurz darauf sah ich die Kinder, die Hebamme legte diese Bündel links und rechts neben meinen Kopf auf das Kissen. Das waren sie also – unsere Söhne. Leider gewann ich durch den Vorhang der Narkose nur sehr gefilterte Eindrücke. Erst ein halbes Jahr später wurde mir bewusst, was mich in diesem ersten Augenblick des Kennenlernens an unseren Zwillingen gestört hatte: ihr Angezogensein. Ich habe Philipp erst am 8. Tag nach der Geburt nackt gesehen. Noch lange fehlte mir das Erlebnis der Geburt. Es ist schon ein seltsames Gefühl, mit dickem Bauch einzuschlafen, ohne ihn aufzuwachen und die „fertigen" Kinder gezeigt zu bekommen.
Rainer fiel es da schon wesentlich leichter, eine Beziehung zu den Zwillingen aufzubauen, sah er sie doch sofort nach ihrer Geburt noch mit Käseschmiere bedeckt, krebsrot und japsend vor sich.
Die Hebamme brachte mir schonend bei, dass Bernhard aufgrund seines geringen Geburtsgewichtes in die Kinderklinik eingeliefert werden müsse. Ich nahm das relativ gelassen auf, eben-

so die Nachricht des Arztes, dass unsere Söhne eineiig sein sollten. Die Wirkung des Narkosemittels war einfach noch zu stark.
Vielleicht könnte ich mich kaum noch an diese Minuten erinnern, hätte mir nicht Rainer beim Auffrischen geholfen. Sehr
wichtig waren in diesem Zusammenhang auch Fotos, die mir
das Geschehen noch einmal vor Augen führten und meinem Gedächtnis als Stütze dienten.

Je mehr ich mich in den Tagen nach der Entbindung von der
Operation erholte, desto mehr interessierte mich das Befinden
Bernhards. Ich empfand Mitleid mit ihm, dem Zwilling, der nicht
bei mir sein konnte. Während Philipp für mich von Tag zu Tag
vertrauter wurde, war Bernhard für mich kaum mehr als ein
Name. Das war schon eine seltsame Situation. Ich hatte wie alle
anderen Mütter auf der Station ein Baby bei mir, und doch
waren wir nicht vollzählig. Rainer besuchte Bernhard jeden Tag,
bevor er zu mir und Philipp kam und von den Fortschritten unseres Sorgenkindes, die in den ersten Tagen eigentlich mehr Rück-
schritte waren, berichtete. Bernhard lag die ersten Tage im Brutkasten, hatte Gelbsucht, nahm kaum Nahrung zu sich und
spuckte das Wenige meist noch wieder aus. Schließlich musste er
künstlich ernährt werden.

Für meinen Mann bedeuteten diese Besuchstouren eine große
Strapaze, er musste jeden Tag zur Rushhour quer durch die
ganze Stadt fahren, da die Kliniken etwa vier Kilometer auseinander lagen. Ab dem 4. Tag nach der Entbindung wurde Rainer zu
allem Überfluss noch zum Milchtransporteur umfunktioniert.

Es soll ja Mütter geben, die ganze Säuglingsstationen mit ihrer
Milch satt bekommen könnten. Ich zählte nicht zu diesem Typ.
Am dritten Tag nach der Operation begann ich Milch abzupum-
pen. 15 ml, 20 ml, 22 ml,..., wenn sich der Messbecher einmal
bis 30 ml füllte, war ich schon selig. Dieses kostbare Produkt
bekam in den ersten Tagen ohne Ausnahme Bernhard einver-
leibt, er hatte Muttermilch nötiger als Philipp, der wuchs und ge-

dieh. Ich gab mir redliche Mühe, beherzigte alle erdenklichen Ratschläge, doch der Milchfluss steigerte sich nur sehr langsam. Nach sechs Wochen hätte die Milchmenge ausgereicht, ein Kind zu ernähren. Jedes Kind bekam nun eine halbe Tagesration Muttermilch und eine halbe Tagesration Fertigmilch. Drei Monate nach der Entbindung stillte ich ab, mir war der Aufwand dieser Mischernährung einfach zu hoch.

Am 9. Tag nach der Entbindung fühlte ich mich stark genug, Bernhard das erste Mal zu besuchen. Unser kleiner Sohn lag zu diesem Zeitpunkt bereits im Wärmebettchen und hatte seine schlimmste Zeit hinter sich. Rainer meint noch heute, dass es ganz gut für mich gewesen sei, das arme Würmchen nicht im Brutkasten liegend gesehen zu haben. Doch auch im Wärmebettchen wirkte Bernhard klein und hilflos. Ich durfte ihm die Flasche geben, und ich spürte schon in diesen ersten Minuten unserer Begegnung, dass dieses Kind weit schwächer auf seine Umwelt zu reagieren vermochte als Philipp. Es hatte einfach unter wesentlich schlechteren Startbedingungen das Licht der Welt erblickt.

Das Schlimmste an diesem Besuch und auch an allen folgenden war der Abschied von unserem Sohn. Unser Kind alleine zu lassen, zu wissen, dass kaum jemand des Klinikpersonals einmal Zeit haben würde, es zu trösten, wenn es weint. In den kommenden Wochen drückte ich mich so oft es ging vor diesen Besuchen.

Der Alltag mit unseren Zwillingen

Elf Tage nach der Entbindung wurde ich, noch reichlich wackelig auf den Beinen, aus der Klinik entlassen. Doch auch hier, bei all der Freude, wieder dieser Wermutstropfen: wir waren nicht vollzählig. Da lag nur ein Baby im Bett, das für zwei gedacht war, und im viel zu breiten Kinderwagen wirkte Philipp so verloren, dass ich in Versuchung geriet, ihm eine weiche Stoffpuppe zum Kuscheln daneben zu legen.

Diese ersten Tage alleine mit Philipp hatten jedoch den Vorteil, uns Zeit zum Eingewöhnen in die neue Situation als Eltern zu geben. Wie ungelenk wir beim ersten Wickeln und Füttern waren! Als Bernhard einige Tage vor Rainers Urlaubsende aus der Klinik entlassen wurde, er hatte die magische Gewichtsgrenze von 2500 g knapp überschritten, waren Rainer und ich, was Säuglingspflege betraf, bereits alte Hasen.

Bei der Gestaltung des Tagesrhythmus orientierten wir uns fast ausschließlich an Bernhard, Philipp wurde „gleichgeschaltet", er war einfach der Stabilere, den man damit eher belasten konnte. Natürlich hatten Rainer und ich Gewissensbisse ob unserer un-pädagogischen Handlungsweise, aber es ging nicht anders, wollten wir der Belastung durch unsere Zwillinge standhalten.

Zu zweit schafften wir es recht gut, unsere Kinder zu versorgen, wenn auch der sonstige Haushalt arg litt. Wie oft saßen wir, jeder mit einem zufrieden nuckelnden Baby auf dem Arm, in den Ses-seln und fragten uns, wer denn nun die Eltern versorgen könnte. Unsere Bedürfnisse wurden in dieser Zeit nahezu auf Null zurück-geschraubt, alles drehte sich um die Kinder, Tag und Nacht. Wir haben so ziemlich alle erdenklichen Methoden ausprobiert, uns bei der nächtlichen Versorgung der Kinder abzuwechseln. Letzt-lich pendelte sich ein, dass jeder wechselweise eine Nacht für die Kinder zuständig war. So konnte der andere eine ganze Nacht durchschlafen und sich erholen.

Doch der eigentliche Alltag begann ja erst, als Rainer nach drei Wochen Urlaub wieder zur Arbeit musste. Vor dieser Zeit hatte ich Angst, ich fühlte mich körperlich noch sehr schwach und war mir nicht sicher, ob ich der Belastung gewachsen sein würde. Ich hatte kaum Hilfe. Zwar schaute ab und an meine Schwiegermut-ter für ein oder zwei Stunden zu uns herein oder fuhr mit den Kindern spazieren, und eine liebe Nachbarin erledigte für mich viele Einkäufe. Aber Freundinnen, die mir zur Hand hätten gehen können, gab es keine, alle hatten entweder selber kleine Kinder oder waren berufstätig. Es galt, den Tag über weite Strecken allein zu meistern. Als erstes war ich bemüht, zusammen mit den Zwillingen zu einem neuen Rhythmus zu finden. Saß ich in den ersten Wochen noch manches Mal um 10 Uhr im Bademantel, weil ich mit dem Duschen warten wollte, bis beide Kinder schliefen, so erkannte ich bald, dass ich einige meiner täglichen Pflichten in die Wachzeiten der Kinder legen müsse, wenn ich mit meiner Arbeit halbwegs über die Runden kommen wollte.

Als besonders strapaziös empfand ich aufgrund unserer damaligen Wohnsituation das Fertigmachen der Zwillinge zum Spazierenfahren. Da ich nicht zugleich beide Kinder vom zweiten Stock zu dem im Erdgeschoss stehenden Kinderwagen tragen konnte, ging ich mit jedem Zwilling einzeln die Treppen hinunter. Unter dem Gebrüll des oben wartenden Kindes trug ich das erste Kind ins Erdgeschoss, und rannte begleitet vom Gebrüll beider Zwillinge wieder die Treppe hinauf, um das zweite Kind zu holen. In der Mitte des Weges war die Akustik besonders gut... Um mich in dieser Situation über Wasser zu halten, dachte ich damals häufig an die Verhältnisse in einer uns bekannten Familie, die nach drei Kindern noch einmal Zwillingszuwachs bekommen hatte. Wenn diese Familie zum Spazierengehen rüstete, zogen sich die ersten Kinder meist schon wieder aus, ehe die letzten angezogen waren.

Nahte der Abend, war ich vollkommen fertig. Ich fieberte Rainers Heimkommen regelrecht entgegen und zählte die Minuten, bis ich endlich seine Schritte auf der Treppe hörte. Das abendliche Wickeln und Baden der Zwillinge übernahm von Anfang an Rainer. Ich kann mit gutem Gewissen behaupten, die Kinder nie gebadet zu haben.

Der Grund, dass ich abends so sehnsüchtig auf meinen Mann wartete, war aber nicht nur diese Entlastung von meiner Arbeit.

Ich wollte endlich wieder ein paar vernünftige Worte mit einem lieben und verständnisvollen Menschen wechseln können! Den ganzen Tag nur das Gebrüll der Kinder als Antwort auf all meine Bemühungen zu ertragen, fiel mir sehr schwer.

Kinder beginnen ja bekanntlich erst im dritten Lebensmonat, auf ihre Umwelt auch einmal mit einem Lächeln zu reagieren. Bis dahin haben Eltern eine gewaltige Durststrecke zu überwinden. Man opfert sich auf, schlägt sich die Nächte um die Ohren und wird dafür nur angeschrieen – und das auch noch in Stereo.

Was ich mir anfangs nicht so schlimm vorgestellt hatte, war die alleinige Last der Verantwortung, der ich nach Rainers Urlaubs-ende ausgesetzt war. Hatten wir bis dahin gemeinsam entschie-den, wie in dieser oder jener Situation zu reagieren sei, stand ich nun vor zwei hilflosen Würmchen und war eigentlich selbst recht hilflos. Bald gewann ich jedoch eine gewisse Selbstsicherheit im Umgang mit den Zwillingen. Der Nachteil war, dass es Rainer an den Wochenenden nun immer schwerer fiel, sich in unsere Dreierbeziehung nahtlos einzufügen. Zuviel war binnen einer Woche an Neuem hinzugekommen. Da half es auch nicht viel, dass ich Rainer an den Abenden meinen Tagesablauf in den schillerndsten Farben schilderte – wenn ich dazu noch nicht zu müde war und gleich, nachdem die Kinder im Bett lagen, eben-falls schlafen ging.

Nach vier Monaten entspannte sich die Situation etwas. Wir hat-ten uns zur Familie zusammengerauft, das häusliche Leben ver-lief in geordneteren Bahnen. Entscheidend trug dazu bei, dass unsere Zwillinge ab diesem Zeitpunkt durchschliefen. Darunter verstanden die beiden, abends spätestens um 19 Uhr im Bett zu liegen und bis 5.30 Uhr, wenn wir Glück hatten bis 6.30 Uhr, zu schlafen. Der Vorteil lag auf der Hand, Rainer und ich hatten ru-hige Abende (an denen dieses Buch entstand), und während der Woche störte das frühe Aufwachen der Kinder kaum. Aber an den Wochenenden...

Wie anstrengend ich den Alltag mit unseren Zwillingen empfand, war sehr unterschiedlich. An manchen Tagen hatte ich
genug Elan, um eine ganze Säuglingsstation zu versorgen, andere Tage schienen schier endlos zu sein. Manchmal gab es abends
Tränen der Verzweiflung und Erschöpfung, und einmal habe ich
vor Wut (Plastik-)Geschirr auf den Boden gedonnert. Ja, an
Tagen, an denen unseren Herren nicht einmal das sonst freudig
erwartete Spazierenfahren zusagte, hätte ich diese Nervensägen
am liebsten samt Sportwagen an der nächsten Ecke stehen gelassen. Wenn ich nur gewusst hätte, wer als nächster vorbei-
kommt...
Doch trotz dieser Tiefs kann ich behaupten, dass sich die durch
die Kinder gegebene Belastung stetig reduziert hat.
Überdies waren wir nach dem ersten Geburtstag der Kinder wieder mehr in der Lage, kleinere Unternehmungen zu wagen.
Einen Trödelmarkt oder ein Weinfest zu besuchen war wieder
möglich, auch ein kürzerer Stadtbummel machte wieder Spaß.
Monatelang hatten wir von solchen Aktivitäten Abstand genommen, zum einen, weil es uns mit den Zwillingen zu anstrengend
erschien, zum anderen, weil wir ohnehin zu müde waren.
Und schließlich engagierten wir kurz nach dem ersten Geburtstag der Kinder die erste Babysitterin, ein aufgeschlossenes Mädchen aus der Nachbarschaft, die im Sturm die Herzen unserer
„Männer" eroberte und spielend mit ihnen fertig wurde. Nun
konnte ich endlich einmal zum Zahnarzt, ohne dass Rainer
gleich einen halben Tag Urlaub nehmen musste. Wir hatten in
dieser Hinsicht großes Glück. Von anderen Zwillingseltern hörte
ich immer wieder, dass sie Probleme hätten, eine geeignete Babysitterin zu finden, viele Mädchen trauten sich die Betreuung
von Zwillingen nicht zu.
Wenn ich rückblickend überlege, über welche Punkte wir uns in
der ersten Zeit die meisten Gedanken gemacht haben, so waren
das in chronologischer Reihenfolge:

Das Essen: In den ersten fünf Monaten spuckten Philipp und Bernhard beängstigend viel. Kaum war die Mahlzeit getrunken, kam auch schon ein Gutteil der Milch wieder retour, die umgebundenen Lätzchen waren ständig feucht. Obwohl die Kinder gut gediehen, machten wir uns Sorgen, dass sie zu wenig trinken würden. Der Spruch unseres Kinderarztes „Speikinder sind Gedeihkinder" half uns da auch nicht viel weiter. Später übertrug sich unsere Angst auf das Essen der ersten festen Mahlzeiten. Vor allem Bernhard schien es fertig zu bringen, von zwei Löffelchen Brei zu Mittag und einer halben Banane am Tag satt zu werden. Meine Güte, was waren das für Kämpfe, diesem Kind wenigstens ein paar Stückchen Brot einzuverleiben! An die in irgendwelchen Ernährungsbüchern angegebenen Mengenempfehlungen war gar nicht zu denken. Irgendwann sagten wir uns dann jedoch, dass ein Kind, solange organisch alles in Ordnung ist, bei vollem Tisch schon nicht verhungern würde. Seitdem haben wir Bernhard zu nichts mehr gezwungen, wir akzeptierten seine Miniportionen und freuten uns über seine zusehends runder werdenden Bäckchen.

Das Schlafen: Unsere Kinder pflegten seit ihrem dritten Lebensmonat einen sehr stark ausgeprägten Tag-Nacht-Rhythmus. Das heißt, nachts schliefen sie ohne Komplikationen durch, doch dafür schien das Bett tagsüber in ihren Augen etwas Ehrenrühriges an sich zu haben. Schon als Säuglinge schliefen die Zwillinge zwischen den in vierstündigen Abständen fälligen Mahlzeiten im allerhöchsten Fall eine Stunde, den Rest der Zeit wollten sie beschäftigt werden. Je mehr sich ihre nächtliche Schlafphase ausdehnte, desto mehr reduzierten sie ihre Nickerchen am Tage. Ab ihrem 14. Lebensmonat schliefen meine Männer dann nach dem Mittagessen noch eine halbe Stunde – und selbst das nur höchst ungern. Ich beneidete Mütter, deren Kinder zwei bis drei Stunden dauernde Mittagsschläfchen hielten. Was hätte man in dieser Zeit alles anfangen können!

Die gesunde Entwicklung unserer Kinder: Auch hier war es wieder Bernhard, der uns die meisten Sorgen bereitete. Durch seine wesentlich schlechteren Startbedingungen in meinem Bauch und eine im vierten Monat notwendige Leistenbruchoperation lag Bernhard in der Entwicklung lange Jahre etwa acht Wochen hinter seinem Bruder zurück. Philipps Entwicklungsablauf bewegte sich vollkommen im Rahmen des Üblichen, er saß, krabbelte und lief zur selben Zeit wie gleichaltrige Einzelgeborene. Wir freuten uns über jeden seiner Entwicklungsschritte riesig, warteten jedoch gleichzeitig ängstlich, ob auch Bernhard diese nächste Stufe bewältigen würde.

Aber nicht nur das. Auch Bernhards Beinbewegungen wirkten steifer und ungelenker als bei Philipp. Dies war nicht nur unser persönlicher Eindruck. Auch jedem Kinderarzt, der unseren Zweitgeborenen zu Gesicht bekam, fiel diese eigentümliche Steifheit Bernhards sofort auf. Doch da sich der kleine Kerl ansonsten, wenn auch langsamer als sein Bruder, normal entwickelte und einen putzmunteren und pfiffigen Eindruck machte, sah man von einer speziellen krankengymnastischen Therapie ab.

Manchmal glauben mein Mann und ich, dass wir uns um den kleinen Bernhard wesentlich weniger Sorgen gemacht hätten, wäre da nicht sein vor Kraft strotzender Bruder gewesen, der uns immer wieder regelrecht zu Vergleichen zwang.

Verschworene Gemeinschaft

Dreieinhalb Wochen nach ihrer Geburt waren unsere Zwillinge wieder vereint. Ihre ersten Beziehungen knüpften sie in ihrem gemeinsamen Bettchen und im großen Kinderwagen. So weit wir Philipp und Bernhard auch auseinander legten – nach kurzer Zeit kuschelten sie meist schon wieder zusammen.

Etwa zu Beginn des fünften Monats folgten dieser ersten unbewussten Annäherung bewusste Kontakte. Oft unterbrachen sie ihr Spiel, blickten sich kurze Zeit an und lachten. Besonders

Bernhard fing in dieser Entwicklungsphase bereits an, seinen Bruder mit leisem Gebrabbele anzusprechen. Philipp blieb damals noch stumm. Beide nahmen jedoch am Gefühlsleben des anderen regen Anteil. Lachte Philipp, so freute sich sein Bruder mit, und auch wenn eines der Kinder vor Angst oder Schmerz schrie, stimmte das andere mit ein. Nur auf Wutgebrüll reagierte der jeweils nicht von diesem Gefühl befallene Zwilling allenfalls mit Interesse, meist spielte er einfach weiter. Für Rainer und mich war dieses Verhalten in der ersten Zeit ein gutes Zeichen dafür, ob das Geschrei nun einen ernsten Hintergrund hatte oder einfach nur aus einer schlechten Laune heraus angestimmt worden war.

Im sechsten Monat tauschten Philipp und Bernhard ihre ersten bewussten Berührungen aus. Staunend wurde da der Kopf des Bruders betatscht oder das brüderliche Ohr einer genaueren Untersuchung unterzogen. Vor allem Philipp bewies in dieser Hinsicht viel anatomisches Interesse.

Im achten Monat entsprachen unsere Söhne kleinen Hundewelpen. Alles war interessant, musste beleckt und angeknabbert werden. Zu dieser Zeit entbrannten auch die ersten Streitigkeiten um irgendein Spielzeug. Es wurde geklaut, was das Zeug hielt. Daran änderte sich auch so schnell nichts, nur die Methoden wurden verfeinert. Vor allem Bernhard lernte, sich mit List und Tücke gegen seinen körperlich überlegenen Bruder durchzusetzen. Viel zu dieser Entwicklung hat beigetragen, dass Rainer und ich uns bald angewöhnten, Bernhard nicht immer gleich zur Seite zu stehen, wenn Philipp auf ihn losging. Unser „armes, kleines Würstchen" hatte nämlich rasch erkannt, wie einfach es mit unserer Hilfe war, sich gegen den Bruder zu behaupten. Ein spitzer Schrei genügte, und schon wurde der „Unhold" auf seinen Platz verwiesen.

Ab dem 2. Lebensjahr spielten unsere Kinder dann ohnehin am schönsten miteinander, wenn Papa und Mama nicht in der Nähe waren oder dort zumindest nicht vermutet wurden. Dann konnte man die beiden beobachten, wie sie traulich vereint am Boden saßen, Bauklötzchen austauschten und sich leise miteinander unterhielten. Manchmal saß auch jedes für sich in einer Ecke ihres gemeinsamen Spielzimmers und spielte versonnen vor sich hin. Bis zu einer knappen Stunde hielten es unsere Männer auf diese Weise aus, sich selbst zu beschäftigen. Zeit, die ich nutzte, um den Haushalt auf Vordermann zu bringen oder einfach mal einen Blick in die Zeitung zu werfen.

Aber wehe, ich erschien auf der Bildfläche! Sofort begann der Konkurrenzkampf, lobte ich Bernhards schön gebauten Turm, kam Philipp angelaufen, um diesen zu zerstören; bewunderte ich Philipps Spiel mit dem Lastwagen, drängte sich Bernhard in den Vordergrund.

Trotz dieser Rivalität um die Gunst ihrer Eltern hingen Philipp und Bernhard schon als Kleinkinder sehr aneinander. Dies wurde uns anhand vieler kleiner Alltagsbegebenheiten immer wieder deutlich vor Augen geführt. So hatte ich eines Morgens Philipp in mein Bett geholt, weil er bereits seit 4 Uhr in seinem Bett herumturnte und die Gefahr bestand, dass Bernhard davon wach wurde. Ich muss bei dieser Gelegenheit einfügen, dass unsere Kinder nur höchst selten in den Genuss kamen, in unseren Betten schlafen zu dürfen. Das war so eine Art elterlicher Selbstschutz. Rainer und ich befürchteten einfach, anderenfalls irgendwann keinen Platz mehr im Ehebett zu finden. Dass Philipp in unser Bett durfte, war also eine Ausnahme, die es auszukosten galt. Selig schlief er an mich gekuschelt wieder ein – bis sein Bruder im Nebenzimmer erwachte. Kaum hatte Bernhard den ersten Hahnenschrei ausgestoßen, schoss Philipp auch schon unter meiner Bettdecke hervor, rannte zu Bernhards Bett und war erst zufrieden, als ich ihn in dasselbe gehoben hatte. Die beiden spielten dann ein paar Minuten und schliefen noch einmal ein.

Auch die Spaziergänge gaben uns Eltern immer wieder Anlass zum Staunen und Schmunzeln. Es existierte eine magische Entfernung zwischen Philipp und Bernhard, die nicht überschritten werden durfte. Fiel Philipp, der gerne hier und da stehen blieb, um sich etwas genauer zu betrachten, mehr als etwa zehn Meter hinter Bernhard zurück, blieb Bernhard stehen und rief seinen Bruder, der dann auch tatsächlich angelaufen kam. Wenn Philipp nur auch bei mir so folgsam gewesen wäre, wenn ich rief...

Die Sprache unserer Zwillinge war ohnehin ein Kapitel für sich. Mit einem dreiviertel Jahr begannen die beiden, lange Dialoge miteinander zu führen. Der beliebteste Kommunikationsort wurde bald ihr Schlafzimmer. Anstatt, wie eigentlich von den Eltern gedacht, zu schlafen, hingen Philipp und Bernhard an den Gitterstäben ihrer Bettchen und palaverten. 15, 20, manchmal 30 Minuten ging das so, bevor sie erschöpft in ihre Kissen fielen und endlich das taten, wozu sie eigentlich ins Bett gebracht worden waren. Bei diesen Unterhaltungen ging es meist recht fröhlich zu, es wurde viel gelacht und gekichert. Bernhard war übrigens der Tonangebende, er sprach mindestens doppelt so viel wie Philipp, erfand die schönsten Spiele und bestimmte auch sonst, wo's lang geht. Vielleicht war das der Ausgleich zur körperlichen Dominanz Philipps.

Der Unterschied im Verhalten unserer Söhne ließ sich frühzeitig erkennen und führte bereits vier Monate nach der Geburt zu den Spitznamen „Bodo Bolzer" für Philipp, und „Mahatma Gandhi" für Bernhard, wobei wir diesen Namen nicht zuletzt wegen des in den ersten Monaten recht abgemagerten Äußeren unseres Zweitgeborenen wählten.

Natürlich riefen wir unsere Kinder nicht bei ihren Spitznamen, Rainer und ich hatten ohnehin auch so genug Schwierigkeiten, jedes Kind mit seinem Namen anzusprechen. Nicht, dass wir unsere Zwillinge aufgrund ihres ähnlichen Aussehens verwechselten, das passierte wirklich nur selten. Aber im Eifer des Gefechts fingen wir häufig erst mit dem falschen Namen an, merkten dies natürlich sofort, und korrigierten uns. Die Folge waren Wortschöpfungen wie „Phil-Bernhard" und „Bernd-Phillip", was einen außenstehenden Beobachter dieses akustischen Schauspiels einmal zu der Frage veranlasste, ob dies die Doppelnamen unserer Zwillinge seien.

Und noch etwas wurden Rainer und ich in den ersten Jahren unseres Zwillingselterndaseins gefragt, und das nicht nur einmal: Würdet ihr noch einmal Zwillinge haben wollen?

Noch einmal diese viele Arbeit, die schlafarmen Nächte, das Gebrüll aus zwei Kehlen und, und, und... Niemals seit der Geburt unserer Kinder haben wir auf diese Frage mit einem klaren „Nein" geantwortet. Von Anfang an empfanden wir unsere Zwillinge als etwas Besonderes, für das sich all diese Mehrarbeit lohnte. Natürlich sind kleine Zwillinge strapaziös, man läuft lange Zeit an der persönlichen Belastungsgrenze und weiß manchen Tag bereits vormittags nicht mehr, wie man die Zeit bis zum Abend überstehen soll. Aber die Phase geht vorüber, zurück bleibt der Stolz, es geschafft zu haben.
Streitigkeiten um Spielzeug, Rivalitätskämpfe unter den Kindern und nervlich ruinierte Mütter erleben mein Mann und ich zur Genüge auch in Familien mit zwei nacheinander geborenen Geschwistern. Und wer da glaubt, nur Zwillinge würden sich gegenseitig zu allem möglichen Unfug anstiften, der sei eines Besseren belehrt. Es soll Vierjährige geben, die sich nichts Schöneres vorstellen können, als ihren eineinhalb Jahre alten Bruder mit honigsüßen Worten zum Auskippen des Kakaos auf den Wohnzimmerteppich zu bewegen.
Restlos überzeugte Zwillingseltern wurden Rainer und ich jedoch, als unsere Kinder mit etwa eineinhalb Jahren begannen, an ihrem Zwillingsdasein auch für uns sichtbare Freude zu haben. Liebevolle Blicke und Gesten, spontane Umarmungen und Küsse ließen zumindest erahnen, wie sehr Philipp und

Bernhard ihre Zweisamkeit schon damals genossen. An dieser Vertrautheit als Eltern teilhaben zu dürfen, entschädigt für alle Mühen. Wir können uns schon lange nichts Schöneres mehr vorstellen, als Zwillingseltern sein zu dürfen.

Zwillinge? – Aus unserer Sicht unbedingt empfehlenswert!

Anlaufstellen für ratsuchende Zwillingseltern

Zwillingsinitiativen
In ganz Deutschland finden sich immer wieder Zwillingseltern in Clubs oder Initiativen zusammen, um gemeinsam über ihre Probleme des täglichen Lebens zu sprechen und sich gegenseitig zum Teil konkrete Hilfe zu leisten. Viele Initiativen betreiben auch „Fundgruben" oder „Börsen", über die vor allem spezielle Zwillingsartikel vermittelt werden.
Welcher Club in Ihrer Nähe liegt, erfahren Sie am aktuellsten über das Internet. An dieser Stelle einzelne Adressen zu nennen, lohnt sich dagegen kaum, da ständig Gruppen geschlossen und andere eröffnet werden. Versuchen können Sie es aber unter www.zwillis.de. Diese Homepage nennt sich selbst „die erste Adresse für alle Zwillinge und Eltern von Zwillingen" und betreibt eine Kontaktbörse.

Zwillingszeitung und Zwillingsshop
Eine beständige Anlaufstelle für ratsuchende Zwillingseltern ist dagegen seit fast zwei Jahrzehnten Marion von Gratkowski, engagierte und kompetente Zwillingsmutter, Buchautorin und Herausgeberin der Zeitschrift „Zwillinge". Die Zeitschrift erscheint derzeit monatlich und kostet im Jahresabonnement 46,80 Euro. Ein Einzelheft können Sie für 3,90 Euro plus 1 Euro Porto beziehen. Anschrift:

Marion von Gratkowski
Postfach 40 11 11
86890 Landsberg/Lech
Tel. 08191/96 67 39 oder 97 37 37
Montag bis Freitag von 8.15 Uhr bis 12.30 Uhr
www.zeitschrift-zwillinge.de

Darüber hinaus leitet Frau von Gratkowski „Petzy's Zwillings-shop", einen Versandhandel für Zwillingsartikel. Anschrift wie oben, zudem Fax 966740 oder www.twins.de. Sie landen damit auf der Homepage der Zeitschrift „Zwillinge", klicken Sie sich von dort weiter bis zum Twinshop-Link. Hier finden Sie unter anderem eine lange Auflistung verschiedenster Zwillingskinderwagen, unter Nennung ihrer Vor- und Nachteile!

Windeldienste
Adressen regionaler Windeldienste erfragen Sie am besten bei der Bundesgeschäftsstelle des Verbandes der Windeldienste in Europa e.V.
Händelstraße 35
50674 Köln
Tel. 0221/8690696
www.vdwev.de

Kontaktbörsen zum Thema Stillen, Wickeln, Nerven behalten...
Im Internet haben sich inzwischen zu allen möglichen Themen Kontaktbörsen gegründet, so natürlich auch zu allem rund ums Kind. Leider gilt auch hier, dass die Adressen zum Teil ein recht kurzes Verfallsdatum haben. Vielversprechend ist aber seit einiger Zeit zum Beispiel www.zappybaby.de mit einem Link zur Zappybaby-Community. Bei einem regen Meinungsaustausch zum Thema „Zwillinge stillen?" wurde dort von etlichen Zwillingsmüttern kürzlich übrigens das – von mir nicht sonderlich geschätzte – Zwillingsstillkissen ausgesprochen gelobt!

Die Autorin:
Geboren in Deggendorf, Abitur, Studium der Agrarwissenschaften (Schwerpunkt Fortpflanzungsbiologie und Teilbereiche der Tiermedizin) mit Abschluss Dipl.-Ing. agr. Zwillingsmutter im „Hauptberuf", dazu erfolgreiche Journalistin und Buchautorin.

Von Lydia Hauenschild sind ferner erschienen:

Wann trägt man als Mutter schon Seidenstrümpfe
(Neuausgabe 1998)
Ohne Netz und doppelten Boden (1991)
Wie kommt die Farbe in die Jeans? (1993)
Ich hab so tierisch viele Fragen! (1995)
Der Summstein (1998)
Kleine Pferdegeschichten (2000)
Gestatten, Herr Hugo! (2002)
Kunterbunte Feuerwehrgeschichten (2003)
Geisterspuk rund um die Uhr (2004)